九型人格
說愛情
我要的愛哪裡找？
九型人格寂寞芳心俱樂部，
讓你找到適合的人，
別再談鬼遮眼的愛情！
你想要找尋另一半，但總是遇不到對的人？
你總是等待，也不怎麼積極尋找對象，
不知不覺光陰就被蹉跎了！
你擁有另一半，但是卻越愛越寂寞……
其實愛的對，你就不怕一直受傷害。
最專業的剖析、最傳神的範例、
最經典的愛情論述，
是你最完整的戀愛導航！
國內首位國際九型人格學認證講
胡挹芬／著
The Enneagran

找到圓滿自己的那一塊拼圖！

愛情，一直是我生命中非常重要的課題，我也屢屢付出了慘烈的代價。然而，我始終相信，愛是一切的源頭，也是生命的答案。尤其當我接觸「九型人格學」、學習與自己談戀愛之後，我更堅信，唯有透過先理解自己、圓滿自己，才會有更多的愛洋溢給伴侶、給世界！

這本書是我早期完成的九型人格書籍之一，本來已經絕版，今感謝雅書堂出版社的協助，讓這本乘載著眾多凡間靈魂的歡笑與淚水的愛情書能夠重見天日！

挹芬
勇行者．一行者．願行者
于「心靈香契」2012／9／15

若不先瞭解自己，如何知道誰才是Mr.Right？

從古至今，多少美麗動人的愛情故事迷惑著我們渴望被愛的心，每個人都在尋覓所謂的「靈魂伴侶」——注定來圓滿我們生命的那個人。只是，在圓滿生命的過程中，常常充滿並不令人愉快、甚至令人心碎的磨練。於是，有人憤恨不平地詛咒：「愛情是讓人墮落的毒藥！」也有過來人好言相勸：「別讓愛情蒙蔽了雙眼。」但事實是，很少人能對愛情免疫！

每個人都希望自己的愛情能夠天長地久，問題是，「相愛容易，相處難。」多少轟轟烈烈的愛情就在生活裡的大小摩擦中黯然消逝；美好的親密關係因為彼此個性的衝突而被迫畫下句點。兩個曾經相愛的人反目變

成陌生人，甚至說「因瞭解而分開。」

究竟，是妳不瞭解他，還是妳根本不夠瞭解自己？為什麼在愛情的道路上，妳總是與Mr. Right擦肩而過？

若不懂得尊重對方，真愛也會凋零。

真愛得來不易，怎能輕言放棄？下一個對象會有下一個對象的問題！如果，妳總是一味地要求對方迎合妳的想法，不願意嘗試去瞭解他的觀點；或妳總是用他不接受的方式去愛他，那麼，就算遇見百分百的情人，對方也未必會選擇與妳牽手一生。

「瞭解妳的他」是讓兩人世界更甜蜜、沒有空間讓第三者介入的第一步。「The Enneagram——九型人格學」正是幫助妳瞭解親密愛人的幸福完全手冊，讓妳能夠按圖索驥直達另一半的內心世界！

彼此瞭解與尊重，有情人都可以成為天作之合！

主持「九型人格與親密關係」工作坊多年，每次一定會有學員提問：「哪一種性格類型的人最適合我？」我的回答是：「只要你的人格健康，對方的人格也健康，兩個人就適合。」又有學員反應：「就是因為我們的人格都還不夠健康，所以才想找比較適合自己的人啊！」

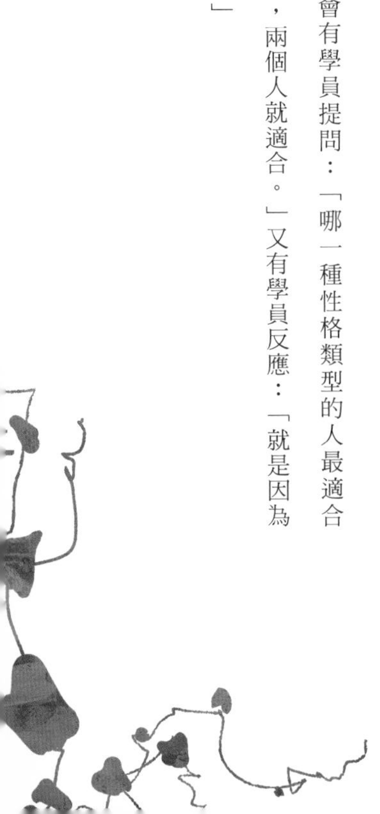

雖然從人格學的角度，的確可以看出哪些人格類型的人比較「速配」。但是，尋找伴侶應該還是以「相愛」為最重要的考量吧！其實，我個人覺得所謂「適合與否」只是在一個念頭之間，在於妳願不願意調整自己去「適合」對方。妳愛他，妳願意接受大部分的他，那就適合；妳愛他，但妳只願意接受部分的他，那可能就不太適合。但是，不論適合或是不適合，妳都應該先瞭解他，因為妳愛他，你們相處的時光很可能將成為妳一生中最美好的回憶之一，那麼，何不讓這段人生經驗更美麗呢？

當然，「九型人格學」絕對可為愛情指出一條明路。我們可以根據自己的性格類型，找出哪幾種人與我們在個性上「互補」，哪幾種人可以激發我們內在美好的特質，哪幾種人最懂得欣賞我們的優點……讓我們愈愛愈有信心、愈愛愈美麗！

也有學員向我抱怨：「為什麼我愛的人總是傷我最深？也許，我應該選一個他愛我比我愛他多的人。那樣才會幸福。」

我想，找一個比較愛我們的人，那是選擇一條「比較不會出錯」的道路來走；而找一個我們比較愛他的人，則是忠於自己的心。然而，不論妳選擇哪一條道路，選擇接受愛或付出愛的角色，妳都應該具備一顆清明的心，清楚地知道自己想要什麼，以及對方想要什麼。這樣，當愛情的熱焰褪去時，真正的感情才能萌芽、茁壯！

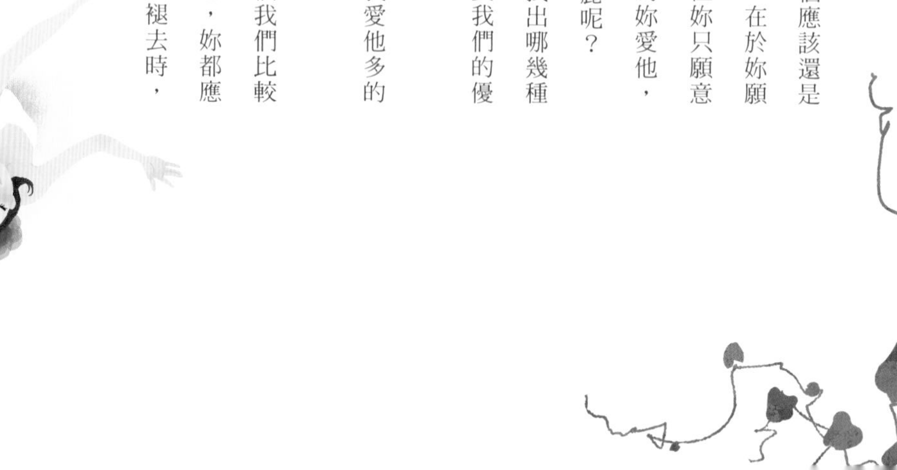

Part 1 找個適合的伴侶，拒絕孤獨

Part 2 玻璃窗裡看透你／妳的愛情

Part 1

找到適合的伴侶，拒絕孤獨

人家說現在是男生找不到伴侶比較多，

但為什麼現在還有這麼多的未婚女性？

被動的等待究竟適合的人是否會出現？

但積極的找尋是否就能遇到對的人？

認識自己是找到另一半前的一個必要課題，

如果你連自己要什麼都不知道，究竟還有誰能給你愛？

「The Enneagram——九型人格」的奧祕

來自古希臘的識人祕術

關於「The Enneagram——九型人格」的起源有很多種說法。有人主張是來自伊斯蘭世界中注重神祕儀式的蘇非教團（Sufism）；有人則認為與古老的猶太教義相關；還有人肯定其與基督教的「七大原罪」有密切的關連。

Enneagram（發音為：ANY-a-gram）是希臘文，「ennea」代表數字「九」，「grammos」代表的意義是「圖形」。根據目前比較可靠的歷史記載，「The Enneagram——九型人格」的圖形（圖一），早在二千五百年前，便已經被古希臘數學家——畢達哥拉斯所使用，他是「畢氏定理」的發明人，也是「生命靈數」的創始人。（我個人認為，「生命靈數」與「九型人格」之間有著先天與後天的關係，對解讀個人的「生命能量」有著相輔相成的效果！）

這個蘊含著生命循環奧祕的「九角圖」，一直湮埋於阿富汗與土耳其一帶，直到第一次世界大

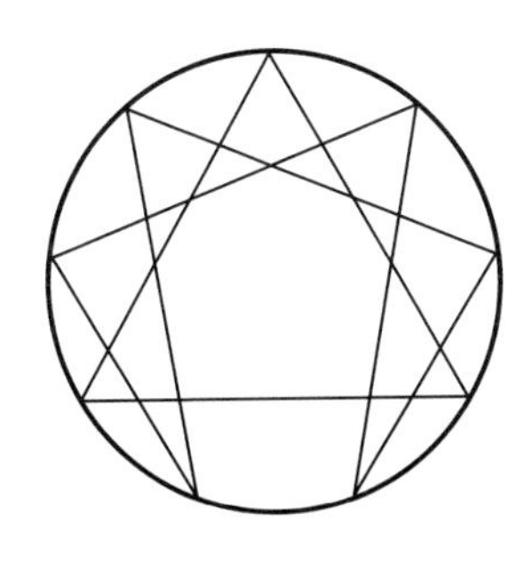

（圖一）最早的「The Enneagram——九角圖」

戰的前夕，才由亞美尼亞人葛吉夫（George Gurdjieff）帶回歐洲，並以蘇非教等古老傳統加以闡釋，用來向學生說明「心靈成長」的過程。（也許，這就是為什麼很多人以為「九型人格」是來自蘇非教的原因了。）

到了一九六〇年，玻利維亞人艾伽索（Oscar Ichazo）根據古人心靈修習的智慧，並結合現代心理學，明確地定義出九種人格特質（圖二），並完整建構了我們目前所使用的「九型人格」學說。

如今，「The Enneagram——九型人格」不僅已在歐美各國造成風潮，連史丹佛大學也將其列為商學院學生的必修課程；而二十一世紀最重要的心靈導師之一A.H.阿瑪斯，亦將「九型人格」作為幫助學員「探索自我」的工具。

由此可見，這套古老的智慧即使到現代仍很合用，畢竟，人性並不曾改變。

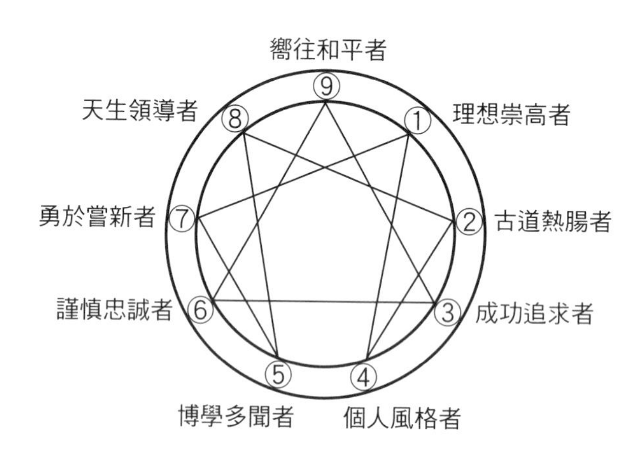

(圖二) 人格分類的「The Enneagram——九角圖」

為什麼我是這種人?

每個人都有與生俱來的特質(以占星術、算命術所推算出來的先天特質),然而,從呱呱墜地起,我們天天都會受到外來的影響,甚至是傷害。而幼年時的影響,通常是來自我們最親近的家人。他們不經意的言行或是習慣性的情緒,很容易讓我們幼小的心靈產生莫名的恐懼。

「性格」便是我們在「反覆受傷、反覆自我調整」的過程中發展出來的。我們以為只要有了某些「性格特質」,就可以安全地活在這個世界上,不再有恐懼。

其實,每個人或多或少都有上述「九大恐懼」中的一種或數種,然而,一定會有某一種恐懼深深影響了我們幼小單純的心靈,讓我們終於變成某一種人格類型的人。

九大恐懼（Basic Fear）

根據「九型人格」的理論，有九種恐懼 (Basic Fear) 是讓我們發展出某一種人格類型的主要原因：

特別害怕表現不夠好、變成行為不檢點的壞孩子。
只要我管住自己，就不會有人來教訓我。
第一型人

特別害怕不值得被愛、變成不懂得體貼別人的壞孩子。
只要我照顧別人，就會有人來愛我。
第二型人

特別害怕自己沒有價值、變成讓父母丟臉的壞孩子。
只要我表現自己，就可以證明自己的價值。
第三型人

特別害怕不被注意、變成沒有人理會的壞孩子。
只要我表達自己，就不怕別人不知道我是誰。
第四型人

特別害怕比不過別人、變成沒有能力的壞孩子。
只要我充實自己，就不會有人來煩我。
第五型人

特別害怕得不到支持、變成沒有人可依靠的壞孩子。
只要我請教別人，就會知道該怎麼做。
第六型人

特別害怕被人佔便宜、變成一無所有的壞孩子。
只要我滿足自己，就會擁有快樂的生活。
第七型人

特別害怕被人欺負、變成軟弱愛哭的壞孩子。
只要我保護自己，就不會有人敢欺負我。
第八型人

特別害怕不被接受、變成討人厭的壞孩子。
只要我調整自己，就會和別人相處愉快。
第九型人

愛別人前先瞭解自己！

女生對愛情總是充滿著浪漫的幻想，認為一定要遇見Mr. Right後，自己的生命才能得到圓滿。妳每天想的都是他，誤以為自己深深愛著這個男人，但是，很可能一切只是迷戀罷了。妳愛上的是妳需要的、想像中的人，而不是真正的他。因此，在妳探索另一半的同時，也別忘了要多多觀察自己。畢竟，清楚地知道自己要什麼、不要什麼，妳才真正擁有愛別人的本錢！

什麼是妳的愛情密碼

◎小叮嚀

請花一點心思回想妳過去的行為，然後誠實作答。

只要該敘述與妳有百分之七十的相似度即可，不必拘泥在某幾個「不像妳」的文字上。

大膽相信你的直覺吧！

如果只能用一句話來形容妳自己，那會是：

我是一個比較重理性、講求自制力與效率、給人冷靜形象的人。

我是一個樂觀、隨遇而安、興趣廣泛、有點大而化之的人。

我是一個比較情緒化、會隨感覺行動、凡事希望自己做決定的人。

在團體中，妳的角色通常是：

擇善固執、講求誠信、是非分明、做事按部就班的人。

（第一型人）
追求獨立自主的花木蘭

or

自信主動、講求效率、注重形象、處事靈活變通的人。

（第三型人）
一心飛上枝頭的灰姑娘

or

樂於獨處、喜歡觀察、熱衷探討別人不知道的知識。

（第五型人）
展現機靈慧黠的小紅帽

開朗熱心、主動關心別人、想做大家的好朋友。

（第二型人）
想被大家喜愛的白雪公主

or

勇於嘗新、很會帶動氣氛、通常是聚會中的活躍人物。

（第七型人）
樂觀進取的小甜甜

or

沉靜低調、常被大家當做是傾吐的對象。

（第九型人）
好相處的賣火柴的小女孩

考慮很多、對別人表現友善支持、不習慣當領導者。

（第六型人）
愛煩惱的櫻桃小丸子

or

直來直往、習慣當領導者、絕不讓自己吃虧。

（第八型人）
勇於挑戰不放棄的杉菜

or

敏感內斂、喜歡幻想、不想和別人一樣。

（第四型人）
嚮往浪漫情懷的小美人魚

也許，妳只得到一個人格密碼，但非常可能的情況是：妳徘徊在兩個以上的號碼之間而難以決定。這是剛開始接觸人格測驗常有的狀況，也許這意味著妳應該更加關心自己。

建議妳先保持開放的心，閱讀下一章的人格簡述，看看哪一個人格類型「最像妳」！

妳是哪一種愛情公主？

每個女生個性的不同，在戀愛裡遇到的狀況也不同，妳是否瞭解你自己？關係到戀情是否能發展順利的關鍵，以下就讓我們來看看妳屬於哪一類型的女生吧！

第一型／我要一個有美德而且尊重我的情人！

誰和我麻吉：第一型、第三型、第五型

誰與我互補：第二型、第七型、第九型

誰給我考驗：第四型、第六型、第八型

經典故事

花木蘭騎馬出發，家人在門口送行。有酗酒的父親、打扮嬌滴滴的姊姊、溜滑板的弟弟。帶著高度近視眼鏡的花木蘭忿忿不平地說：「家裡除了我，還有誰夠資格當兵？」

第一型人就像有自我主張、又識大體的巾幗英雄——花木蘭，總是克盡職守地努力完成分內的工

作與責任；給人的感覺通常是冷靜俐落、講道理、有自制力、做事公正、甚至有點ㄍㄧㄥ。妳習慣處處以放大鏡檢視自己的一言一行，深怕自己哪裡做得不夠得宜、不夠完美。

妳覺得自己必須要「零缺點」才有資格談戀愛；同樣地，妳也會以高標準來要求另一半。一個做事不按程序、道德觀薄弱、不尊重女性、玩世不恭或不夠努力上進的男人，很難吸引妳的目光。而一位陽光樂觀、懂得生活情趣的紳士，能為妳黑白分明的人生注入彩虹般的活力！

第二型／我要一個懂得珍惜我的付出的情人！

誰和我麻吉：第二型、第七型、第九型

誰與我互補：第四型、第六型、第八型

誰給我考驗：第一型、第三型、第五型

經典故事

巫婆泡澡泡到眼冒金星，白雪公主端果汁給她喝。白雪公主般勤地說：「做ＳＰＡ一定要多喝水，快喝下這杯蘋果汁吧！」

第二型人就像充滿愛心、善體人意的白雪公主，總在尋找需要幫助的人、事、物。妳給人的感

覺通常是熱心開朗、友善隨和、關心別人、能者多勞、甚至有點雞婆。妳習慣處處展現美好寬容的德行，深怕自己變得沒有愛心而被大家遺忘。

妳覺得自己必須「先付出愛」才會有人來愛妳。一個好批評、粗線條、口直心快、自我防禦心強或不懂得在眾人面前維護妳的男人，很容易讓妳受傷。而一位敏感內省、願意吐露心事的溫柔男性，能夠助妳更深刻、更健康地領悟愛的真諦！

第三型／我要一個有能力的情人！

誰和我麻吉：第一型、第三型、第五型

誰與我互補：第二型、第七型、第九型

誰給我考驗：第四型、第六型、第八型

經典故事

灰姑娘向仙女許願。灰姑娘說：「除了玻璃鞋、禮服和馬車外，我還要大鑽戒、皮草……」

第三型人就像願意為了目標而努力工作的灰姑娘，滿心期待能有飛上枝頭當鳳凰的一天。妳給

人的感覺通常是自信亮眼、行事講求效率、注重地位名聲、甚至有點愛比較；習慣處處給人恰如其分的好印象，深怕自己不夠成功而被大家看不起。

妳覺得自己必須以「外表和成就」來贏得別人的愛。一個敏感、情緒化、做事自由不談目標方向、缺乏事業野心或澹泊名利的男人，很容易讓妳失望。而一個寬厚誠懇、自我肯定、並能欣賞妳內在價值的男人，將妳從充滿假象的世界中拯救出來，讓妳就像一顆蒙塵的鑽石終於綻放光采！

第四型／我要一個熱情浪漫的情人！

誰和我麻吉：第四型、第六型、第八型

誰與我互補：第一型、第三型、第五型

誰給我考驗：第二型、第七型、第九型

經典故事

小美人魚坐在船邊苦思。小美人魚說：「我一定得跳海自殺，因為這樣的結局比較淒美！」

第四型人就像浪漫多情、願意為愛付出生命的小美人魚，希望自己的感情世界就像愛情小說一般高潮迭起。妳給人的感覺通常是優雅敏感、重視個人獨特的風格與品味、對美的事物有強烈的堅持、甚至有點情緒化。妳習慣處處為生活加入戲劇化的元素，深怕自己的人生太過平凡。

妳渴望一份「得來不易」的愛。一個無法回應妳的感受、或與妳同樣敏感的男人，會讓妳情緒更無法平靜。同時，妳又特別容易被不倫之戀、或「明知得不到」的男人所吸引，所以，千萬要小心！而一個有內涵、有智慧、寬容穩定的男人，不僅是妳心情變化時的平衡桿，更是妳情緒發洩後的避風港！

第五型／我要一個不麻煩的情人！

誰和我麻吉：第一型、第三型、第五型
誰與我互補：第二型、第七型、第九型
誰給我考驗：第四型、第六型、第八型

經典故事

小紅帽躲在房間裡，假扮外婆的大野狼在房外敲門。小紅帽說：「等一下，我還沒想出對付你的方法！」

第五型人就像臨危不亂、足智多謀的小紅帽，情況愈危急，妳會變得愈有能力，最後終於化解一切危機。妳給人的感覺通常是客觀專注、獨立知性、思路清晰、歸納能力強、不喜歡被人注意或

是無預警地被打擾、甚至有點自閉。妳非常需要一個讓妳覺得安全、而且能安靜思考的空間，深怕自己的資源被別人佔用。

妳常常不由自主地想從愛情的熱焰中暫時逃離出來。一個熱衷社交活動、情緒化、或時刻需要妳分享他的感受、但又不能尊重妳需要獨處樂趣的男人，會讓妳覺得很麻煩。而一個自信自主、充滿鬥志、行動力旺盛、心胸寬大的男人會激勵妳，讓妳有勇氣將夢想付諸實現！

第六型／我要一個讓我安心的情人！

誰和我麻吉：第四型、第六型、第八型

誰與我互補：第一型、第三型、第五型

誰給我考驗：第二型、第七型、第九型

經典故事

背著書包、提著餐盒的櫻桃小丸子因為擔心遲到而站在原地哭，其他同學都匆忙趕去上學。櫻桃小丸子：「快遲到了！學校會把我開除……爸媽會不要我……我會流落街頭了！」

第六型人就像天真可愛、喜歡瞎擔心的櫻桃小丸子，總是可以由一件事聯想到另一件事，而且

想的都是最壞的狀況！妳給人的感覺通常是友善親切、做事仔細、考慮周密、誠實負責、自我防禦心強、甚至有點愛爭辯。妳習慣先往最壞的情況打算，這樣妳才會覺得有安全感。因為，最壞的情況都能被應付了，那還怕什麼？

妳常常懷疑愛人對妳的忠誠，最害怕的就是背叛。一個手腕太多、功利主義、掌控欲強、或太自信的男人，可能會讓妳起疑並且想反抗。而一個樂觀有耐心、不會與妳起正面衝突、給支持、並願意安撫妳那源源不絕煩惱的男人，能幫助妳變得堅強而且勇敢！

第七型╱我要一個能配合我的情人！

誰和我麻吉：第二型、第七型、第九型

誰與我互補：第四型、第六型、第八型

誰給我考驗：第一型、第三型、第五型

經典故事

小甜甜拖著行李步出孤兒院。小甜甜昂著頭說：「也許下一家孤兒院的餐點會比較好！」

第七型人就像生活在逆境中仍然樂觀進取、自立自強的小甜甜，總是能夠迅速地從挫折中找到讓自己積極向前的人生目標。妳給人的感覺通常是神采奕奕、熱情幽默、點子多多、希望天天都有活動參加、甚至有點怕無聊。妳習慣讓自己忙碌，因為妳不喜歡沒人陪的冷清感覺。

喜歡享受的妳，追求的是熱烈、刺激、充滿新鮮感、但又必須是可倚賴的愛情。一個敏感被動、愛鑽牛角尖、需要妳用心照料、或喜歡倆人膩在一起的男人，會讓妳覺得很有負擔。而一個冷靜、擅長思考分析、愛好知性活動的男人，可幫助妳平衡過度的向外活動，展開向內探索的新人生視野！

第八型／我要一個有權勢的情人！

誰和我麻吉：第四型、第六型、第八型

誰與我互補：第一型、第三型、第五型

誰給我考驗：第二型、第七型、第九型

經典故事

杉菜身穿帶刺的盔甲，外圍還有一層防護罩。杉菜：「看誰還能欺負到我！」

第八型人就像偶像劇《流星花園》中的杉菜——自認是「踩不死的雜草」，總是能毫不畏懼、快狠準地給予對手迎頭痛擊。妳給人的感覺通常是有話直說、作風強勢、行事果決、自我意識超強、甚至有點跋扈；習慣指揮別人做事，最害怕別人侵犯了妳的領土。

妳會誓死捍衛自己所愛的人，因為，他們是妳財產的一部份。一個做事慢條斯理、缺乏骨氣的男人妳根本看不上眼；但是，和妳一般強勢的男人只會與妳爭權不休。而一個機智、忠心、懂得情緒管理的男人，反而能激發出妳內心天真溫柔的一面！

第九型／我要一個可以共度一生的情人！

誰和我麻吉：第二型、第七型、第九型

誰與我互補：第四型、第六型、第八型

誰給我考驗：第一型、第三型、第五型

經典故事

賣火柴的小女孩蹲在寒風中點燃一根小火柴，幻想著自己在夏威夷曬太陽，但其實腳邊圍著一群凍得半死的小老鼠、貓咪、小鳥，還有幾支燃過的火柴棒。賣火柴的小女孩一臉幸福地說：「好像在夏威夷做日光浴一樣熱……」

第九型人就像賣火柴的小女孩，即使刺骨寒風已經冷到讓人無法思考，妳也不忘用一個個美夢來自我安慰。妳給人的感覺通常是好相處、有耐心、不給別人壓力、遇事比較猶豫不決、容易恍神，甚至有點漠然。妳習慣以和諧做為行事的指標，最害怕看到衝突場面，因為爭執的氣氛會讓妳不安。

妳一心只想與愛人融成一體，就連嗜好、思考習慣……也想變得和愛人一樣。在我所接觸的個案中，第九型的女生，她們的另一半幾乎平均分配在每一種人格類型中，不像其他八種人格類型的

女生，比較容易與某一種性格類型的男生配成一對。也許，這是深具包容力的第九型人的一個優勢吧！

不過，還是建議未婚的第九型女生，不妨適時地觀照內心的擇偶標準，清楚地勾勒出自己真正想要的對象，這絕對有助於妳的心靈成長喔！

有特色才有吸引人的目光

第一型／理想崇高者

妳最迷人的地方

對家庭與親密關係十分忠誠，讓他很有安全感。

理性而幹練，能夠勇敢地堅持自己的立場，不會矯揉造作。

不敷衍隨便、自我要求很高，而且願意去承擔家裡繁瑣的事務。

當他與別人發生衝突時，妳總是他強有力的後盾。

說到做到，不會輕易讓他失望。

沉穩從容、能夠應付大局，不會輕易受環境的影響而情緒失控。

很有上進心，努力自我充實。

正直善良、願意為改善大環境而實際付出心力。

懂得欣賞他的專業成就，而不是一味注重外表。

讓他想逃的缺點

當他達不到妳的期望時，妳會不自主地表現出輕蔑或看不起他的態度。

妳太在意別人的眼光了，過度的焦慮讓他也很難放鬆。

當他犯錯時，妳不會輕易饒恕；但是妳卻會找藉口將自己的過錯「正當化」。

喋喋不休地教導他該如何生活。

總是將過錯怪在他的頭上。

堅持要以妳認為對的方式去做事，問題是他的作法其實也不錯。

不輕易讚美他，讓他很沒有成就感。

對工作太投入，因此冷落了他。

有時候妳對小事情也很認真，不願意輕鬆看待，不僅讓他感到壓力，也會覺得感情索然無味。

第二型／古道熱腸者

妳最迷人的地方

對他總是熱情而且誠懇地付出，好像妳的生活都是以他為重心。

心地善良，非常重視家人與朋友間的感情維繫，甚至為他們犧牲。

能夠毫無困難地和他的朋友或家人相處愉快；大家都覺得妳既懂事又貼心。

在他最無助時，都是妳在陪伴他、聽他吐苦水。

對世界充滿愛心、而且慷慨大方。

樂觀的妳，十分擅長鼓舞別人。

願意對別人敞開心扉，真誠流露內心的感情。

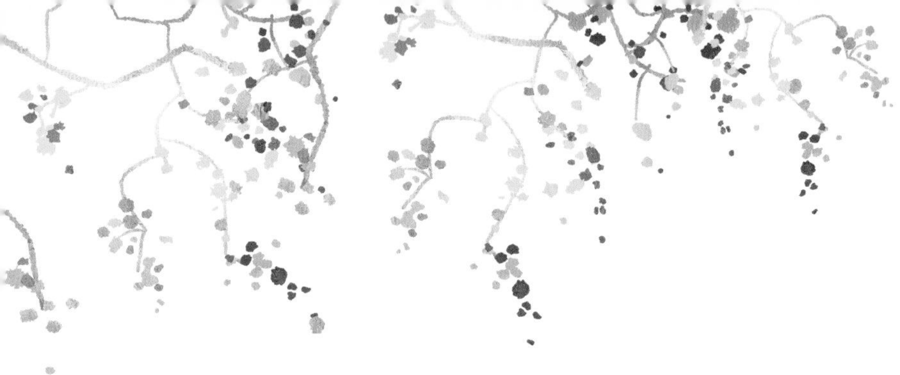

看似需要人保護的妳，其實非常有活力與熱情，讓他覺得妳既柔情又淘氣。其實妳有成為賢妻良母的潛力，妳擅長將家裡布置得溫暖而舒適。

讓他想逃的缺點

妳的感情好像太脆弱，一兩句批評就會讓妳情緒崩潰、眼淚決堤。

喜歡贏得大家好感的妳，有時候會讓他感到困惑：妳到底只是想對別的男生表示善意的幫助，還是在和對方調情？

喜歡黏人的妳，有時候會讓他有點想逃走的感覺。

有時候妳會太過度雞婆地想幫助別人。

不肯直接說出妳的想法或不滿，拐彎抹角的方式反而讓他厭煩。

由於妳對不喜歡的人也是笑臉相迎，難免讓他覺得妳有點虛偽。

妳的掌控欲與佔有欲其實很強，當他不願意做妳要他做的事情時，妳容易變得更緊迫盯人、甚至哭鬧不休想要報復他。

妳擅長裝弱者讓他感到罪惡，不得已只好去做妳想要他做的事情；只是，小心別讓他識破妳慣用的計謀才好。

妳傾向快速發展兩個人之間的親密感，所以，妳會急於想知道對方的一切。這樣，有時候反而會把他嚇跑。

第三型／成功追求者

妳最迷人的地方

自信、專業、有效率，兼具美貌與才幹的女強人完美典範。

無論工作或玩樂，妳都非常在行。

獨立的妳很有冒險嘗新的精神，全身發散出活潑外向、走在時代尖端的新女性氣質。

勇往直前地朝自己的目標邁進，而且對前途充滿樂觀的期待。

非常清楚自己想要什麼、不要什麼。

不管在任何場合，妳都能像個明星般散發出耀眼的風采。

會替他考慮很多人際或工作上的問題，處處幫他做面子。

社交能力不錯，與不同背景的人都能相談甚歡，不太有適應不良的狀況發生。

很有見解的妳能夠和他討論公私事務，並且常常提供有效的對策。

讓他想逃的缺點

強烈地希望他也和妳一樣：成功、積極、有手腕。如果他做不到，妳會拚了命的逼他前進。

因為太在意別人對妳的印象，妳寧願隱藏自己真實的一面，他會覺得妳太虛假。

工作第一的妳，讓他覺得在妳心中他甚至還排不上第二。

妳對自己的能力很有信心，因此，對他遭遇到的問題妳容易表現出不以為然或嗤之以鼻，傷了他的自尊心。

對財富地位特別看重的妳，難免讓他覺得妳很虛榮。

會犧牲對他的承諾，只因為妳有其他更重要的工作或約會。

妳總是想要佔上風。

妳喜歡向別人誇耀自己或他的成就，如果他比較保守實際，便會覺得非常不自在。

妳只想達到目的，有時候不太替他著想，甚至會犧牲對家庭的責任。

第四型／個人風格者

妳最迷人的地方

妳堅持忠於自我的感覺，真誠不造作的性格讓他心動。

敏感的妳很能感同深受地體諒那些正在痛苦中掙扎的人。

對美的事物有獨特出色的品味。

對自己喜歡的事物能夠全心全意地投入，不在乎別人的眼光或意見。

妳像一位詩人又像是畫家一般，對生活中的大小事物都有深刻獨到的感受。
聰明慧黠的妳，總是散播著充滿想像力與有趣的點子或故事。
喜歡與人保持一點距離的妳，有時候又會表現出天真熱情的一面，給他一種摸不透的神祕感。
妳能真心地傾聽他說話，並且幫助他欣賞自己的優點。
在多愁善感的外表下隱藏著一顆叛逆的心，對凡事追求強度的男人來說，戲劇化的妳簡直是致命的吸引力。

讓他想逃的缺點

妳有時候太情緒化，甚至容易沉浸在情緒中而無法正常去做任何事。
妳對他有時候熱情，過一陣子又變得有點冷淡，如果他是一個缺乏安全感的人，妳的反覆與不確定會讓他想離開。
過度標榜個人的風格。如果他比較保守傳統，也許會受不了妳的「非主流」作風。
妳對他的期待很高，當他讓妳失望時，妳會遷怒於他，而不是重新檢視自己的要求是否不切實際。
隨著感覺行事的妳，情緒也是起起伏伏，如果他不擅於處理情緒問題，將被妳搞得神

經緊繃。

太過悲觀。妳一心渴望得不到的事物，對於妳已經擁有的反而不太在意。

妳的心很容易受傷，這會讓粗線條的男生不知所措。

對探索自我或生命意義極有興趣的妳，很容易把生活弄得太複雜。

嚮往如電影情節般的戀情。過於平淡的相識會讓妳覺得有點提不起勁或感到遺憾，甚至還暗自期待遇見另一個愛情奇蹟。

第五型／博學多聞者

妳最迷人的地方

妳對他的要求不多、也不喜歡給他壓力。

不喜歡八卦的妳，是值得信賴的守密者。

對有興趣的事物能夠專注而持久的探索，強烈的好奇心與實驗精神令人佩服。

能夠客觀地評斷事情，幫他做理性的分析。

做事負責守信用，不太會感情用事。

興趣廣泛，與妳聊天相當有趣。基本上，妳對任何事物都抱著好奇心，想瞭解背後的過程是如何發生的。

機智又具遠見的妳總是有與其他人不同的見解，讓他耳目一新。

不多話的妳其實非常幽默，有深度的想法與豐富的內涵讓妳充滿知性美。

能夠專心而且耐心地完成一件艱鉅又複雜的工作。

讓他想逃的缺點

妳不常主動談及自己的心事或工作，讓他感覺妳刻意與他保持距離，不像是一般戀人那麼親密熟悉。

喜歡一個人想事情的妳，可能會讓他覺得妳有點無聊、甚至頑固。

妳有點自閉的傾向；如果他是一個愛熱鬧的人，會有點受不了妳喜歡獨處的需要。

妳常常若有所思或沉默不語，讓他不知道妳到底在想什麼。

為了保有自己的獨立空間，妳會清楚地畫清界限，有時難免給他妳不夠支持他的感覺。

妳傾向想得太深太遠，有時候根本不切實際，卻還一股腦的繼續發想。

妳容易光想不說，光說不練。

對無法掌控自我情緒的人，妳會表現出不知所措、甚至冷淡的態度；其實，那是因為妳不知道該如何面對別人的情緒。

當他對妳的邏輯推理有所質疑時，妳會強硬地捍衛自己的立場並且激烈抗辯，很容易掀起唇槍舌戰。

第六型／謹慎忠誠者

妳最迷人的地方

對他十分忠誠；能夠長久地陪在愛人身邊，不棄不離。

擅長對問題各面向做審慎思考，提供他鉅細靡遺的解決方案。

平易近人、細心體貼，常常替他設想到他沒想到的小事情。

對團體中的弱勢族群特別關心。

風趣幽默、帶有一種孩子般的純真，讓他覺得和妳在一起十分自然愉快。

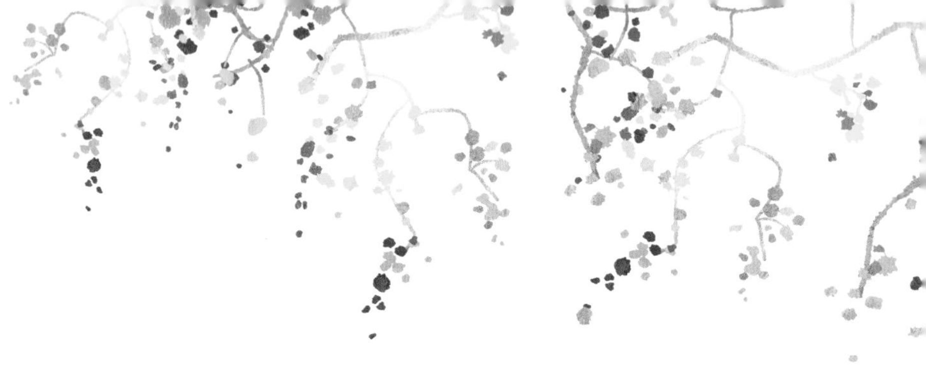

有時溫柔有時強悍、又順從又叛逆、既天真可愛卻又思慮縝密；俏皮與成熟的綜合體，妳讓他眼花撩亂，不被妳吸引也難。

做事負責認真，十分看重責任與義務。

待人真誠，不喜歡虛假的事物。

對自己認同的理念或立場十分忠心，不會輕易動搖，甚至固執地捍衛死守。

讓他想逃的缺點

喜歡小題大作；把簡單的事情想得很複雜。

容易情緒失控，甚至歇斯底里地大發脾氣把他嚇跑。

堅持要為每一種可能發生的問題都想出對策，妳的杞人憂天弄得兩人生活緊張不堪。

遇事容易猶豫不決，很難真正下定決心，常常到最後關頭又有一百八十度的大轉變。

妳的善變讓他捉摸不定；妳在想要依靠與追求獨立的渴望中反覆，讓他覺得迷惘不安，更不知道該如何與妳相處。

妳習慣和他唱反調；不見得妳真的反對他，妳就是喜歡質疑他。

太過悲觀，每次都往最壞的情況打算。

愛猜測別人的心意；不相信他真的會一直愛著妳。

妳希望他能夠常常向妳證明他的愛並沒有改變。

第七型／勇於嘗新者

妳最迷人的地方

活潑樂觀，十分懂得享受生活，能夠帶著他一起體驗各種美妙的人生經驗。

獨立的妳能夠給他足夠的空間讓他發展他的興趣。

興趣廣泛、多才多藝，很會安排自己的生活。

妳總有許多新點子，喜歡展現自己狂野性感的一面，令他難以抗拒。

很會帶動氣氛，妳是聚會中的靈魂人物；天真爽直不造作，妳從來不缺少朋友。

充滿想像力的妳，常常為兩人生活帶來活力與生氣。

妳比一般女生更具有冒險的勇氣與膽識。

想法比較有彈性、懂得放鬆自己、不會鑽牛角尖。

妳擁有夢想家的眼界與野心。

讓他想逃的缺點

太衝動、凡事不想清楚就行動。

太自我中心，話題總是繞著自己打轉。

妳容易被新奇的事物吸引，在他心中妳的穩定性比較低，甚至不能完全信賴。

不喜歡陰暗面的妳，不習慣與他一起承擔痛苦沉重的情緒，讓他覺得妳對這段感情似乎並不認真。

缺乏深入事物的耐心，給人很表面甚至敷衍了事的感覺。

對感情放得開的妳容易招蜂引蝶，讓他醋勁大發。

妳不喜歡受拘束且桀傲不馴的氣質，讓性格比較溫文的男生望而卻步。

對脾氣不好或能力不夠的人毫無忍耐力與包容心。

對家庭的責任感與依戀感稍嫌不足。

第八型／天生領導者

妳最迷人的地方

妳是一個大方又忠誠的戀人。

做任何事都非常的拚命而且投入。

有話直說、伸張正義、保護弱小，標準「大姊頭」。

不在乎他人的眼光，覺得為自己而活是理所當然的事情。

判斷事情快速精準，十分具有行動力。

妳非常堅強而且不輕易放棄，當他面臨風雨飄搖的狀況時，妳總能堅定地給他支持與力量。

妳通常會竭盡所能地把家人照顧好，尤其是經濟上的資助。

對生命充滿熱情與活力，面對困境妳通常不會退縮，並且勇敢地接受挑戰。

對自己的理想能夠貫徹到底。

讓他想逃的缺點

太專制獨裁，凡事都要依妳的意思或方式去進行。

佔有欲實在太強；吵架時又拉不下臉和他言歸於好。

喜歡挑起戰火或衝突，讓彼此形成對立的場面。

習慣指使他做東做西。

脾氣不太好，每次都如火山爆發般地激烈而且不可預測。

不太能忍受感性的場面，給他的感覺不夠溫柔；其實妳當然也有柔軟的一面，只是，妳不願意表現出來。

妳很在意自己的付出，所以，會要求相對的回報，甚至，會無情地犧牲別人。這讓他有點心寒，不知道自己會不會是下一個被妳掃地出門的人。

比較不會先考慮別人的感受和需要。

直來直往的妳，容易在公眾場合做出讓他覺得難堪的行為；問題是，妳一點都不覺得自己有錯。

第九型／嚮往和平者

妳最迷人的地方

非常具有包容心、不隨便批評別人。

溫柔親切、很替別人著想，總是把他的需要擺在第一位。

在他心裡妳是最佳的傾聽者，總是在他身邊默默幫他處理事情、給予支持。

穩定的妳讓他十分有安全感，當他需要妳時，妳通常就在身邊。

妳通常不會給他任何壓力。

任何人和妳在一起都會覺得很舒適、祥和、與平靜。

妳很樂意配合他的生活方式，甚至想辦法和他的步調一致。

當他生氣時，妳總是最佳的救火員，幫助他快速安定情緒，恢復平靜。

樂觀的妳，相信生命中存在著幸福的奇蹟。

讓他想逃的缺點

容易變得固執、慢條斯理，甚至猶豫不決，但又堅持不想他干涉。

妳不喜歡直接說出不滿，而是採取消極的抗議；妳的沉默與不表示意見，很容易把他逼上火線。

連妳對自己的想法和需要都不是那麼確定，這會讓他覺得更難瞭解妳。

當戀情發生問題時，妳習慣先粉飾太平，讓有心解決問題的他感到無力。

常常以他的意見為意見，有時會讓他覺得有點乏味或認為妳不夠關心。

當妳不覺得需要改變時，即使他提出要求，妳也會暗底裡堅持不改變，不願意去配合他的想法。

看事物的角度很有彈性的妳，總是不太容易做決定；通常拖到最後不是依他的意思進行、不然就是不了了之。

妳習慣拖延，或許下承諾卻又一直遲遲未做到，即使妳真的很想實踐妳的話。

逃避問題是妳一個很大的致命傷。

弱點不該是愛情破壞者，而是缺陷也是一種美

第一型／理想崇高者

妳的愛情迷思——【他不應該犯這種錯】

妳希望另一半是一位擁有各項好德行的男人（其實，依妳的標準，他幾乎得是一個「完人」才行。）因此，妳常常用顯微鏡檢查他的言行舉止，而當他沒有達到妳的標準時，妳會嚴厲地批評，這會讓大部分的男人都難以承受。

做事謹慎仔細的妳會用心保護心愛的人，由於不希望妳擔心的事情會發生在他身上，所以妳對他的要求與限制也會特別多。自認追求客觀公平的妳，其實是主觀且固執的；一味強調規條或傳統，容易讓人覺得妳有點刻板保守。

要小心分辨的是：妳用來挑剔他的標準，真的是妳自己的價值觀嗎？還是別人的？

使點壞讓他更愛——【偶爾放水一下】

妳對李安的電影「理性與感性」（Sense and Sensibility）中那位端莊矜持的大姊——艾蓮娜（愛

瑪・湯普森飾演）有什麼印象？這位主角正是事事強調理性與傳統、有時候還得身兼母職的第一型女生。

如果妳能暫時放下心中嚴苛的行事準則，允許多一點彈性，以比較「不嚴格」的標準來要求自己或別人，這種柔中帶剛的魅力，比起咄咄逼人的說教方式，更能讓另一半心悅臣服地聽從妳的意見。

第二型／古道熱腸者

妳的愛情迷思——【沒有人比我對他更好】

妳對另一半犧牲奉獻，妳覺得自己無私的付出一定能讓對方心存感激，甚至，他應該要好好以愛來回報妳，懂得適時地討妳的歡心，或偶爾他也應該犧牲自己，畢竟，妳為他付出了這麼多。

妳認為他應該多聽聽妳的建議，因為，妳的出發點絕對是為他好。因此，當他沒有如妳預期地做某件事來回報妳時，妳會感到十分生氣，並掉入自憐自艾的情境裡；妳也可能因為一時氣憤而表現出挑釁的態度，故意去做一些讓他反感的事情。聰明的妳，習慣以一種充滿親密感的言語或行為去引起心愛男人的注意。

要小心分辨的是：妳究竟真的喜歡他，還是喜歡被人注意？

使點壞讓他更愛——【偶爾走開一下】

妳對電影金球獎影后——安妮特・班寧在「縱情天后」(Being Julia) 中，飾演的那位將男人玩弄於股掌之間的名伶有什麼印象？這位主角正是外表柔情似水、但是遇到挫折卻能暗地強悍的第二型女生。

如果妳可以暫時脫下「守護天使」的外衣，不要再為別人打算或服務，而是專心地陪陪妳自己；同時，也讓對方感受一下沒有妳照顧、甚至是換成他來照顧妳的日子。

一旦妳開始注意到自己內心的想法，妳會發現，要和他的心建立起親密關係，似乎比以前更容易、而且形成的關係會更堅定。

第三型／成功追求者

妳的愛情迷思——【他能給我想要的生活嗎？】

妳對物質生活非常在意，妳對生活的要求是：不僅要能夠生存，而且還要活得很好，最好能讓別人羨慕。因此，妳在尋找對象時，通常會將對方的社經地位列入首要的考慮條件。妳選購物品都是名牌導向，因為，妳覺得名牌才能代表高貴的身分與地位。

最懂得包裝自己的妳擁有迷惑男人的本錢，妳也會很大方地展現魅力。只是，當真的出現一個讓妳「很有感覺」的對象時，妳反而會因為害怕面對真實的感情而裹足不前。

要小心分辨的是：妳究竟真的喜歡他，還是喜歡他帶給妳的一切？

使點壞讓他更愛——【偶爾天真一下】

還記得性感女神莎朗・史東（Sharon Stone）嗎？她在「第六感追緝令」(Basic Instinct)中大膽勾人的演出，正是兼具聰明、美麗、冷靜於一身的第三型性格的女生；而她本人恰巧也是一位第三型人。

如果，第三型的妳願意暫時放下精打細算的頭腦，不要處處都佔上風，讓自己偶爾也輸幾次；同時，坦誠地對他說些心底話，甚至，讓他分享妳的煩惱與不安，這絕對不會減少妳女強人的風采，反而更能表現出妳真實誠摯的一面。

第四型／個人風格者

妳的愛情迷思——【我真的愛他嗎？】

第四型的妳喜歡感受自己的情緒，常常不自主地挖掘內心真正的感受；只是，愈想掌握自己的情緒，反而愈容易被情緒牽著走。其實，妳也很苦惱自己為什麼有這麼多的情緒，讓妳分不清哪一個才是妳真正的感受。

戀愛中的妳特別愛吃醋，甚至對另一半過去的戀情也會耿耿於懷，因為，妳希望自己是對方唯一的真愛。由於太專注和別人「不一樣」的地方，缺乏自信的妳容易感到自卑，但強烈的競爭心又讓妳不得不表現出「我以與眾不同為傲」的態度。因此，妳可能會想辦法營造個人魅力以掩蓋內心的自卑；也可能寧願獨自一人，不想和大家在一起。

要小心分辨的是：妳究竟真的喜歡他，還是喜歡被這段關係激起的各種情緒反應？比方說，罪惡感、激情……等等。

使點壞讓他更愛──【偶爾冷卻一下】

妳對電影《理性與感性》（Sense and Sensibility）中的另一位女主角──對愛情充滿期待與熱情的瑪麗安（凱特‧溫斯蕾飾演）有什麼印象？感性的她說：「世界上還有什麼事比為愛而死更光榮的呢？」這正是隨時準備為熱情燃燒的第四型性格的女生；而凱特本人恰巧也是一位第四型人。

如果，第四型的妳可以暫時先將情緒鎖進心房的一角，不再想著「我好難過」或是「我受不了」等字眼，而是專注在「我該怎麼做？」的議題上，妳會發現自己可以不必是只會抱怨訴苦的小可憐。

第五型／博學多聞者

妳的愛情迷思──【一個人過其實也很好】

妳習慣躲避或漠視愛情產生的迷惘及衝突。妳不喜歡有壓力，更不喜歡被約定束縛，尤其當對方要求你共同履行某一項承諾、或是參加他所屬的社交圈活動時，會讓妳覺得嚴重失去了自主性。因此，面對親密關係，妳傾向保持距離，不想戀情太快速發展。

只是，一旦決定付出，妳很可能一下子就徹底地打開心扉，突然激昇的熱情往往會讓對方嚇一跳。妳不太輕易相信別人，所以，知心好友並不多；喜歡小團體的祕密活動，分享自信與祕密是維繫友情的橋樑。

要小心分辨的是：獨身也許有比較多的自由，但是，也會少了很多人生體驗。

使點壞讓他更愛——【偶爾任性一下】

喜歡法國女演員茱莉葉・畢諾許嗎？她在電影《藍色情挑》（Bleu）中強忍悲痛的憂鬱眼神，正是習慣獨自哀傷的第五型性格的女生：不用眼淚發洩，更不想找誰傾訴，而是把自己鎖在無形的高牆裡暗自療傷。

如果，第五型的妳可以暫時擺脫神祕的面紗與思考的習慣，偶爾讓自己任性一下，隨著直覺行動，體驗充沛的活力感、甚至帶點侵略性的能量，讓他見識一下，向來理智冷調的妳，其實也有狂野的一面！

第六型／謹慎忠誠者

妳的愛情迷思——【我這樣愛他安全嗎？】

妳從認識他的第一天開始，就擔心兩人可能分手的結局。妳希望另一半像一位慈父或是嚴師，在生活各方面給妳明確的建議及指引；也樂意像「爸爸的女兒」一般地要可愛討他的歡心。問題是，當他給妳忠告或想要保護妳時，妳又會開始排斥，覺得他處處想掌控妳的生活。

妳渴望當個小女人，但是又害怕這段關係無法長久，只好不時地督促自己要獨立一點。在戀情

發生挫折時，平日看似好說話、不太計較的妳，可能會變得充滿防禦心而且隨時準備反擊，情緒失控的場面常常上演，因為，妳擔心的分手惡夢似乎真的發生了。

要小心分辨的是：妳究竟真的需要他，還是只是想有個人依靠？

使點壞讓他更愛——【偶爾樂觀一下】

喜歡可愛又帶點傻氣的好萊塢女星梅格．萊恩嗎？她在電影《電子情書》（You’ve Got Mail.）中，飾演的那位善良、幽默、熱情的童書店負責人，就是一位第六型的女生；而梅格本人恰巧也是第六型。

有時候靦覥害羞、有時候又容易high過頭；面對恐懼時，有時候膽小退縮、有時候又大膽不計後果。這大概是九種人類型中最難捉摸的一型了！如果，第六型性格的妳能夠暫時以樂觀的態度去面對生活；同時，相信自己的能力，妳會發現，煩惱一下子少了很多，妳的心情不僅會更好，自信的魅力也將如陽光般地耀眼動人。

第七型／勇於嘗新者

妳的愛情迷思──【下一個男人會更好】

妳嚮往有趣而且享樂的生活，對每一項新活動都充滿了期待。另一半最好能夠與妳一樣懂得享受生活，不然，妳很快就會感到無趣，覺得追求快樂之路受到限制而另覓新的對象了。

妳喜歡和有趣的朋友聚會，分享新奇的經驗；當生活變得苦悶時，妳也會想辦法變些新奇的小花樣讓自己開心。作風大膽加上高明的手腕，妳總是能夠輕易捕獲心中的獵物。對於責任與承諾妳不太擅長，因為，習慣多看看、多比較的妳，常常會因為發現更好的選擇而改變初衷。

要小心分辨的是：新的對象真的比原來的他更適合妳嗎？還是，只是正處於低潮期？

使點壞讓他更愛──【偶爾靜默一下】

看過由英國名著改編的電影《浮華新世界》（Vanity Fair）嗎？描寫一位出身微寒的女子，如何利用美貌與智慧，躋身上流社會的故事。這正是第七型的女生，在面臨人生困境時，也能抱持樂觀的態度，並能用盡一切方法讓自己絕地重生。

如果，第七型的妳願意「安靜」幾天，不要急著去計畫未來或是從事新活動，而是好好「檢視」最近的經驗，不管那是令人高興的、還是不愉快的。靜默思考可以讓妳更具深度，同時也讓他知道，活潑外向的妳，除了動如脫兔，更能靜若處子。

第八型／天生領導者

妳的愛情迷思——【我要一個強者，但是他得聽我的】

妳習慣當強者，妳希望另一半夠強勢，但是，要懂得尊重妳的意見，最好能唯妳是從。在充滿危險與挑戰的現實世界裡單打獨鬥的妳，渴望一位穩定、忠誠而且可以掌握的戀人。

因為個性比較自我，妳容易將任何事情看成是針對自己而來。妳很實際而且勇於爭取自己想要的事物，通常會把自己的利益置於優先地位。

在肯定對方之前，妳會三不五時地測試他的忠誠度，一旦他通過考驗，妳會全心全意地為他付出，甚至將對方的興趣或事業看成是自己的一般用心經營。只是，要小心妳強烈的佔有欲可能會讓另一半窒息。

要小心分辨的是：讓另一半知道妳很在乎他，並不會讓妳顯得軟弱；而對愛恨強烈的第八型女生來說，最好能將佔有與真愛的界線畫分清楚，以防日後陷入瘋狂的報復行動。

使點壞讓他更愛——【偶爾體貼一下】

喜歡影后希拉蕊‧史旺在電影《登峰造極》（Million Dollar Baby）中為理想奮鬥的表現嗎？一位出身卑微但卻熱愛拳擊的女子，在艱困的現實環境中力爭上游，並在拳壇嶄露頭角，不幸因為比賽意外而癱瘓，最後要求尊嚴地結束生命。這正是第八型的女生，不輕易向人生困境屈服，並願意孤注一擲只為實現自我。

如果，第八型的妳願意暫時走出強硬的心防，不怕受傷地對另一半表露妳所有的感覺，並且「易地而處」地為他設想，他必定會受寵若驚地發現，原來強勢的妳也有溫柔感性的一面。

第九型／嚮往和平者

妳的愛情迷思——【我們就像是老夫老妻了】

妳對另一半、甚至對周遭環境都有著「夢幻」般的解讀，認為一切都還不錯，至少，應該是還可以忍受的，因為，妳並不想要改變什麼。

當身邊沒有伴侶時，妳會非常渴望戀情的到來；而當妳與某人固定交往後，又會忍不住挑剔他的毛病，並且開始幻想著是否該換一個新的對象？但是若要妳真的去結交另一個對象，妳又會覺得好累。妳通常會過度「美化」身邊的伴侶，並傾向長久守住一份感情，因為，固定的生活作息讓妳感到安心。

要小心分辨的是：妳對他究竟是習慣還是愛？

使點壞讓他更愛——【偶爾清醒一下】

喜歡美國電視影集「黃金女郎」（The Golden Girls）中，那位冷不防說些無厘頭冷笑話的蘿絲嗎？這正是第九型的女生，平實善良並具有一顆寬大包容的心。

如果妳願意暫時換下「夢幻」的眼鏡，重新檢視現實情況，當妳變得專注，會更清楚生命裡的輕重緩急，而不是茫茫然的一天重複一天。

清楚的心思可以帶來準確的行動力，讓他刮目相看，當平日慵懶閒散的妳認真起來的時候，展現出來的活力是相當令人驚豔的！

Part 2

玻璃窗裡透視你的愛情

終於，有一個妳很喜歡的男生出現了！

但是，他真的是能與妳天長地久的白馬王子嗎？

或他只是一隻最終會跳向其他女生的青蛙呢？

想要瞭解他是不是妳喜歡的Type？

或妳是不是他的夢中情人？

建議妳先對他做個「愛情大體檢」吧！

電電電！找出他的愛情密碼

請妳以平常對他的觀察做基礎，客觀地回答下列的問題。如果，妳一時無法肯定他的人格密碼，也請不要心急！從今天起，用心觀察妳的他，並對照每一種人格類型的特質與反應，相信再難懂的男人，也會在妳眼前現出原形！

當妳和他有不愉快時，他的反應通常是：

即使不高興，他往往先暗不吭聲或是冷戰數天。

認為「哪對情侶沒有爭執？有什麼問題都可以解決。」比較樂觀隨和的他不喜歡爭吵，也很少認為你們之間有什麼大問題。

他一定將情緒當下發洩完畢。即使他根本無法冷靜思考，他還是堅持當場把問題說清楚、講明白。除非他的情緒能平靜，不然通常愈吵愈兇。

下列哪個敘述最像他？

不喜歡亂無章法，凡事強調正當性，堅持用正確的方法去做事與生活。

（第一型人格）
有理想有抱負的巴斯光年

or

不喜歡默默無聞。樂於努力工作以賺取相對的報酬，強調有效率與成功者的形象。

（第三型人格）
永遠不認輸的無敵鐵金剛

or

不喜歡依賴他人，喜歡心智性的思考，善觀察並有收集特定事物的習慣。

（第五型人格）
獨來獨往的名偵探科南

不喜歡冷清。善良、樂於助人，有時卻熱心過頭。喜歡和朋友聚會。

（第二型人格）
體貼窩心的小木偶

or

不喜歡受限壓抑，甚至有點衝動，勇於嘗試新鮮的事物和經驗。

（第七型人格）
好動愛玩的彼得潘

or

不喜歡衝突緊張，有時太過順應他人，嚮往與世無爭的生活。

（第九型人格）
好脾氣卻固執的史瑞克

不喜歡太突出。謹慎小心、凡事想很多的他，希望能做好充分的應變準備。

（第六型人格）
合作才有信心的鹹蛋超人

or

不喜歡軟弱，很有主見，有時卻太獨斷固執，喜歡掌控局面。

（第八型人格）
唯我獨尊的獅子王

or

不喜歡沒有個人特色，希望透過美的事物來表達自己，浪漫但情緒多變。

（第四型人格）
敏感細膩的小鹿斑比

妳的他是哪一種愛情王子？

第一型／好還要更好！

體貼指數：50%
劈腿指數：30%

經典故事

電影院裡正在播放電影，巴斯光年用充滿正義感的表情但卻很大聲地糾正一對正在熱吻的情侶，要他們安靜一點。巴斯光年高分貝地說：「戲院裡請勿喧嘩！」

第一型人就像電影「玩具總動員」裡耿直不阿、帶點傻勁的巴斯光年，為了維護自己的使命而勇往直前。他希望自己的另一半是一位「完美情人」。所謂「完美」，就是依他心中「正確」的方式去進行每一件事情。例如：如果他認為「吹冷氣」是一件不好的事情，那麼，他不僅自己不吹冷氣，也會要求妳一起身體力行。

他是一個非常講求原則的人，甚至，小到連折報紙也有他自己的「正確」折法。他的心裡永遠充滿了「我們應該……」、「我們必須……」如何如何。所以，妳必須是一個注意小節與禮儀的女生，更重要的是，妳應該有承認錯誤、接受批評的勇氣。

然而，他卻是最無法接受批評的人，因為，他一直以很高的標準在要求自己，所以很難接受自己也會犯錯的事實。同時，他也是一個勤奮工作的人，所以，千萬要保有妳自己的興趣喔！

第二型／我願意為妳赴湯蹈火！

體貼指數：90％

劈腿指數：70％

經典故事

農場一角，小木偶雞婆地幫母雞孵蛋，而母雞則在一旁無奈地翻白眼。小木偶熱心地說：「來，我來幫妳孵蛋！咯、咯、咯！」

第二型人就像《木偶奇遇記》裡迷失方向的皮諾丘，只是忙碌地與周圍的人建立友善關係，卻從未好好思考過自己真正想要的是什麼。

他渴望妳的讚美與感激，所以，他竭盡所能的為妳做一切，甚至包括那些妳可以自己完成、不必倚靠他的事情。但是，妳絕不能因此忽略他的體貼，就看在他沒有功勞也有苦勞的份上，多給他一些愛的回報吧！

樂觀溫暖的他不常表現出沮喪的一面，但是，當他因為得不到期待中的回報而顯得情緒有點低落時，也許，妳可以鼓勵他多為自己著想，多留一點時間給自己的心。

第三型／我是萬人迷！

體貼指數：60%

劈腿指數：60%

經典故事

高大的無敵鐵金剛正向一群小矮人炫耀自己身上最新最好的裝備。無敵鐵金剛驕傲地說：「告訴你們吧！我的金剛飛拳可是最新的奈米技術做的喔！」

第三型人就像無敵鐵金剛一般突出耀眼，可以依不同時空的需要，隨時展現自己最厲害的武器。他非常在意眾人的眼光，但是，在光鮮亮麗的外表下，卻隱藏著一顆空虛的心。他害怕自己的內心不如外在形象那樣受人歡迎，他不想面對真實的自己。

在愛情裡，他擅長營造愛的感覺，渴望一切有關愛情的「美好表象」。例如：「愛」就是兩個人一起；「愛」應該是快樂甜蜜。所以，他總是努力做一位「稱職的情人」，為妳、也為所有的觀眾演出一場令人羨慕的愛情劇。

但是，好強的他忽略了愛的基礎是得先真誠地面對彼此。告訴妳的無敵鐵金剛，妳愛的不是他的成就，而是他這個人。幫助他誠實地面對自己所有的感覺，同時，別忘了給他最熱烈的喝采！

第四型／舊愛才是最美！

體貼指數：50%

劈腿指數：80%

經典故事

森林裡小動物們都很興奮地看著天邊的彩虹，只有小鹿斑比一臉憂愁。

小鹿斑比多愁善感地說：「美好的東西總是稍縱即逝！」

第四型人就像小鹿斑比一樣害羞、怕受傷害，但又迫切地想把握能表達自我的機會。他喜歡玩「捉迷藏」的遊戲。妳靠他太近，他會想逃開；當妳想放棄，他又窮追不捨。這一切只因為他習慣受情緒的擺佈，所以，他時而冷漠時而熱情。

他害怕被拋棄，因此，他不斷以逃走來探測妳有多愛他。這樣的愛情的確不容易維繫，但是，若妳能瞭解，他的內心就像一個千瘡百孔的月世界，看似遙不可及，其實只是在等妳陪他一起撫平被拋棄的陰影。而不管他如何玩「捉迷藏」，妳的心都堅定不動搖，那麼，妳絕對可以將他從自憐的獨腳戲中拯救出來。

第五型／有空時我會和妳聯絡！

體貼指數：50%

劈腿指數：40%

經典故事

科南拿著放大鏡專心地看著女伴的臉龐。科南說：「給我三天的時間，我會寫一份『如何護理老人斑』的建議書給妳。」

第五型人就像卡通名偵探科南一樣好奇，雖然能夠對周圍的事情觀察入微，但是，他刻意製造距離、以及獨來獨往的性格，常常讓妳覺得無法掌握他的心意與行蹤。

他喜歡用思考代替行動，甚至連愛情也可以藉想像來發展。因為，這樣他就不必擔心自己的生活步調會被另一個人打亂，也不必煩惱因為愛情而產生的種種情緒問題。他以為只要斬斷情絲就可以保持他的自主性，事實上，他只是在剝奪自己的人生經驗罷了。

所以，想要敲開他的心房，最好的方法就是：「千萬別強迫推銷！」告訴他妳的想法，然後給他時間考慮。其次，當妳遇到問題時，不妨聽聽他的建議，但是，絕不要勉強他陪妳一起愁容滿面、或是掉眼淚。

第六型╱凡事還是小心一點比較好！

體貼指數：70%

劈腿指數：40%

經典故事

數個鹹蛋超人將一隻怪獸團團包圍。全部鹹蛋超人一起說：「我們是最棒的團隊！讓我們一起捍衛地球吧！」

第六型人就像忠心耿耿的鹹蛋超人，永遠活在地球隨時會被怪獸佔領的憂慮與恐懼當中。所以，只要不斷地向他肯定你們之間的感情，那他絕對會是一位忠貞的愛人，且願意為妳犧牲。

他對找出有關你們感情發展的問題十分在行，因為他比較悲觀，總是會先考慮最壞的情況。當妳瞭解到，一個天生容易焦慮的人，一旦談起戀愛會有多麼大的不安全感時，妳應該就能夠體諒他的多疑與猶豫了。

第七型／我要一個懂得珍惜我的付出的情人！

體貼指數：40%

劈腿指數：80%

經典故事

彼得潘與虎克船長坐在豪華的餐桌前，一個鱷魚頭張著嘴躺在盤中。彼得潘一臉興奮，但虎克船長卻嚇得雙腿發軟。（傳說中虎克船長的手便是被鱷魚咬掉的。）彼得潘對虎克船長說：「你一定得試試這個昂貴的鱷魚沙拉，實在太美味了！」

第七型人就如小飛俠彼得潘一般外向好動；他希望他的伴侶仰慕他、包容他、給他自由，同時還得在他快樂的時候陪在他的身邊。天性樂觀的他，很難看到真正的問題，而且，他傾向避開任何會帶來痛苦的事情，因為，他實在不擅長處理負面的情緒。

至於天長地久的承諾，對他來說，是必須學習的過程，也是一場冒險。只要妳能掌握他喜歡刺激與嚮往自由的心理，相信你們的愛情將會如火花般多采多姿、熱力四射。

第八型／聽我的就對了！

體貼指數：30％

劈腿指數：60％

經典故事

獅子王與狐狸、猴子、小白兔打麻將，獅子王的桌前放著一把槍。除了獅子王仍精神奕奕，其他三人都眼圈發黑、東倒西歪。獅子王狠狠地說：「只要我還沒胡牌，大家都不准下桌！」

第八型人就像獅子王一般需要領導的權力。他非常獨立，所以他希望另一半也是獨立而且堅強的；他最受不了的就是拖拖拉拉、會影響他行動的笨女孩。他的控制欲很強，凡事喜歡「重口味」。他的毛病是走極端，可能在不眠不休的工作後，接下來是沒日沒夜的玩樂。這種all or nothing的生活方式，並不是一般女生能適應的。

若真的愛上了他，提醒妳，他的強勢作風有一部份原因是：「害怕卸下防備後，暴露了自己脆弱的一面。」所以，展現妳的忠誠吧！讓他知道，在妳的懷抱裡，他是最安全的。

第九型／船到橋頭自然直！

體貼指數：90%

劈腿指數：20%

經典故事

小偷光顧史瑞克的森林小屋，把熟睡中的史瑞克驚醒了。史瑞克躺在床上繼續睡覺並說：「你要什麼儘管拿走，走的時候請幫我把大門帶上。」

第九型人正如喜歡平靜生活的卡通人物史瑞克一樣，是一個不折不扣的好好先生。雖然他總是順應大家的意思，但這並不代表他配合得心甘情願；他會回應妳想聽的話、做妳想做的事，但這並不代表他同意妳的想法或是作法。他很難對妳說「不」，因為，他覺得妳的需要比他的需要更急迫、甚至更重要。

一旦愛情穩定，他會專注在兩人實際生活中的大小事物上，對於親密關係的經營會比較不在意。所以，妳應當主動挑起維繫兩人愛情的擔子，只要妳能掌握他不惜代價也要保有自我平靜的心理，那他絕對會是一個長久相守的愛人。

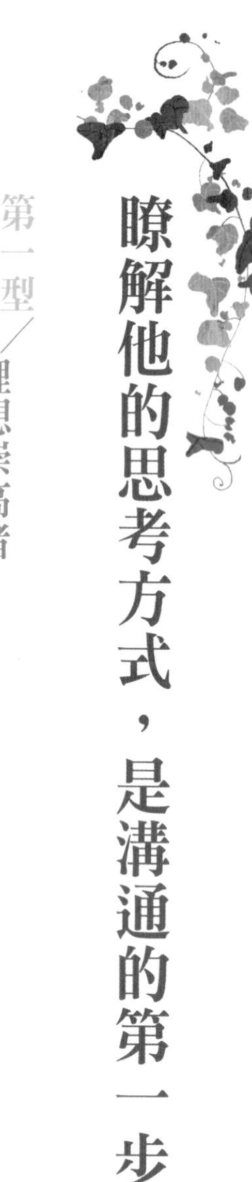

瞭解他的思考方式，是溝通的第一步

第一型／理想崇高者

他的經典性格

妳對瑞士（Switzerland）的印象如何？那是一個堅守自由平等的中立國，人民十分注重組織效率、並主張事事求是。妳喜歡好萊塢影星哈里遜・福特（Harrison Ford）嗎？他在電影裡總扮演「好人」的形象，並常常將自己陷入難以解決的麻煩當中。而現實生活裡，哈里遜・福特本人也是一位第一型性格。在五光十色的演藝圈中，他一直維持著「好丈夫」的形象，直到年屆六十才譜出「黃昏之戀」，並成為有史以來付出最多贍養費的好萊塢男影星。

他總是這樣想——【凡事一定要公平】

第一型人希望自己處世公平客觀、並依照良心做事，為了改正環境中不正確的事情或別人不適當的行為，他會積極而努力地鼓吹某種「正確」的方式，甚至會「強迫」別人遵守；但是他自己卻最不想被別人影響。他希望自己是一個德行高尚的好人，並處處避免犯錯，以免給別人批評他的理由。他不太相信別人的能力，總以為只有自己動手做才能確保成果的品質。因此常常會干涉別人的工作，甚至，攬下來自己做；同時，他會忍不住批評別人做得不夠好，因為，這個世界上除了他，沒有人能達到他心裡的「高標準」。

他習慣這麼做——【先做必須要做的】

第一型人其實活得很辛苦，因為常常陷入「我必須」與「我很想」的天人交戰之中。由於他希望自己如聖人般完美無瑕，因此，他必須好好看守住內心的欲望，絕不能讓私欲破壞紀律。比方說，當他愈想要某一項東西時，他就會開始抵制那項東西，並嚴苛檢視那項東西可能產生的負面影響，同時，他也會要求身邊的人不能靠近那個誘惑。然而，那些壓抑許久的欲望，以及因為壓抑而產生的憤怒，終究會如山洪爆發一般不可收拾。

第二型／古道熱腸者

他的經典性格

妳對基督教的印象如何？神愛世人！當別人打你的右臉，你應該把左臉也讓他打。基督教強調奉獻自己，就像耶穌為了拯救世人而走上十字架。妳喜歡《天才老爹》影集中，那一位幽默風趣、與孩子們維持亦師亦友的比爾・寇斯比（Bill Cosby）嗎？劇中的他對人際互動十分敏感，所以，總能觀察到家中每一位成員目前可能遭遇到的困難或情緒；同時，他也樂於以一個「好朋友」的角度，幫助每一個人解決問題。當然，用心體貼另一半，更讓他成了「新好男人」的代表。

他總是這樣想——【我能為妳做什麼？】

第二型人自認是大好人一個，事實上，他的確很難對別人說「不」！心地善良的他，總覺得應該要多關心別人、為人服務，自己吃點虧也不要緊！因為，自己什麼都不缺，別人才需要幫助。他希望能將熱情與好意散布給身邊的人，讓大家都能受惠、而且對他有好的印象，甚至心存感激。最好人人都把他當做是心裡面重要的傾吐對象，或困難時的救援大隊。所以，他對別人的要求來者不拒，還會主動伸出援手，即使別人根本不需要他的幫忙！因此，當某人並不感激他的付出時，他會開始向第三者抱怨，但同時，他還是會努力擺出慈愛的姿態，因為，自認是好人的他，絕不能表現出自私或小心眼。

他習慣這麼做──【先做別人要求的】

第二型人容易罹患身心慢性病，因為，他一方面不自覺地「自我欺騙」，長期忽略自己的需要與不滿的情緒；另一方面又不好意思直接對別人提出要求，造成他有時會對別人感到失望或生氣。他在內心期待別人懂得他的需要（就像他總是能一眼看出別人的需要一樣），他相信只要對別人付出心力，別人就會回饋他想要的一切。所以，他常常以別人的事情優先；同時，又會忍不住「暗示」別人該給他一些回報。

第三型／成功追求者

他的經典性格

妳對美國（America）的印象如何？那是一個十分注重行銷包裝、強調成功者的形象、推崇效率與速度的國家。妳喜歡湯姆・克魯斯（Tom Cruise）嗎？他本身就是一個第三型，而他也常在電影中扮演這樣的角色。例如：電影《征服情海》（Jerry McGuire）、《雨人》（Rain Man）、《軍官與魔鬼》（A Few Good Man）、與「黑色豪門企業」（The Firm）……其中的角色多半是一位涉世未深的年輕人，掉入虛榮、成功、或是金錢的陷阱，但最後卻能屏棄世俗的誘惑與虛名，找到自己的價值。

他總是這樣想——【我要比別人好】

第三型人從小鞭策自己要成為「最好的」，願意加倍付出心力讓自己更優秀、更出色。他希望被大家注意、羨慕、甚至崇拜，所以，他努力地將自己塑造成一個合乎大家理想的完美形象，並且認真地活出那個形象該有的一切，包括生活、工作、伴侶……等各方面，他都要求比別人好。因此，他很善於推銷自己，也常常會想和別人比較，比看誰賺得錢多、誰住的房子大、誰比較有權勢……等。當然，依文化、價值觀、生長背景的不同，第三型的人比較的東西也會不同。由於他心裡害怕自己變得沒有價值，他會不時地督促自己往前衝，絕不能停下腳步，不然，別人可能就會超越過他了。

他習慣這麼做——【先做報酬率高的】

第三型人適應力超強，他有洞悉別人心思的天賦，總能一眼看穿別人心中的期待，然後，他會讓自己成為那個期待，以贏得別人的信任與欣賞。由於，「達到目標」是他心中最重要的事情，因此，他會排除萬難、暫時放下一切私人事務或是感情，想盡辦法地往目標邁進。實質的回饋是他界定成功的指標。他最熱愛成功的感覺，喜歡親近有地位權勢的人，拼命追求一切能代表身分的事物，所以，他做事通常精打細算、很有效率。

第四型／個人風格者

他的經典性格

妳對法國（France）的印象如何？相信絕對是浪漫、唯美、充滿藝術氣息、又帶點華麗頹廢的貴族感覺。妳喜歡電影《夜訪吸血鬼》（Interview with the Vampire）裡的路易斯（由布萊德‧彼得所飾演）嗎？那位對逝去的妻子一往情深，但又缺乏勇氣自殺的自我放逐者。了無生趣的他被迫當了吸血鬼後卻又不願意殺害生命，可是又下不了手自我了斷（根據電影，吸血鬼仍然是可以自殺的）。所以，他就這樣痛苦又無奈地在哀傷與悲鳴之中掙扎了數百年。這個故事聽起來實在太淒涼了，不過，第四型的人就是比較容易被戲劇化的人事物所吸引！

他總是這樣想——【我想用美的事物表達自己】

第四型人希望被人欣賞、擁有自我的獨特性。他最不喜歡和別人一樣，或被拿去比較，因為，他自己暗地裡已經不知道比較過多少回了！跟別人比起來，他總覺得自己缺少某項特質、或是某種天賦，甚或是對自己的外型不夠滿意；反正，他就是覺得自己擁有的不夠好，有時忍不住會羨慕別人。然而，羨慕與妒忌往往僅有一線之隔，就像自大與自卑常常是孿生兄弟。為了不讓別人發現他的「缺陷」，第四型的人反而會故意將自己的「缺陷」當作是一種「個人特質」而引以為傲（因為，他真的和別人不一樣了！）也因此散發出一種孤芳自賞的氣質。此外，天性纖細脆弱的他，習慣與人群保持一點距離以免受傷，因此，也給人一種朦朧的神祕感。

他習慣這麼做——【先解決我的情緒】

當第四型人對現實情況不滿意時，他會在內心勾勒出一個「美好的舞台」，讓自己沉溺在幻想當中。所以，他的腦海裡常常上演一幕幕的場景，而且幾乎都是從未發生過的事情，甚至還可以發展成連續劇！第四型人習慣以日常生活中的大小經驗來感受自己的情緒，因此，他會覺得每件事情都是針對他而來。例如：某位餐廳服務生因為失戀了而態度欠佳，但第四型人會覺得，是服務生是看他不順眼所以態度差。因此，敏感的他比較容易受到情緒的影響，而在還沒有理清楚自己的情緒前，他很難繼續正常生活或工作。

第五型／博學多聞者

他的經典性格

妳對英國（England）的印象如何？除了氣候上的陰暗潮濕與皇室的蒼白刻板外，還有優美的文化遺產與多變的地理景觀。別忘了，英國可是龐克族與重金屬搖滾樂的大本營喔！妳喜歡電影《理性與感性》（Sense and Sensibility）裡的愛德華（休・葛蘭飾演）嗎？個性拘謹緊張且不善言詞的他，與愛蓮娜（艾瑪・湯普森飾演）談戀愛，兩個人壓抑迂迴的感情表達，常常令旁人急得跳腳。還有電影《睡人》（Awakenings）裡，那位害羞、又常常若有所思的醫生（羅賓・威廉斯飾演），家裡堆滿了研究的書籍，沒有社交活動的打擾，只有一台鋼琴陪著他。

他總是這樣想——【我要挖掘這其中的奧祕】

第五型人希望對環境瞭若指掌，所以，他常會注意到一些別人忽略的細節，並全身地投入研究，一心想找出事物的根源。他希望洞悉事物的本質，甚至，培養一門專精的學識，如此，他對自己會比較有信心。熱愛腦力思考的他，其實內心是焦躁不安的。他害怕被突如其來的問題擊倒，所以，他總是不斷地充實自己以做好萬全的準備；且他通常都是自行解決問題，很少向別人求助。第五型人有以「思考代替行動」的傾向，強調必須先透徹地瞭解事物，才能夠付諸行動。所以，他很擅長做資料彙整，也很有實驗比較的精神。只是，有時候對某一個主題思考得太深入了，反而容易失去宏觀性與客觀性。

他習慣這麼做——【先想清楚再行動】

第五型人可以忍受長時間的獨處與安靜。他喜歡觀察世界，更喜歡在內心建立一個「安全堡壘」，當他受到外界的威脅時，他會立刻撤回到這座堡壘中，切斷一切對外的聯絡，同時，準備向威脅他的事物反擊。他的心思活躍得像滾動的火球一般，有時候讓他感到活力十足，有時候卻令人窒息但又停不下來。由於他的信心來自於日積月累的知識，所以，任何會撼動他信仰的事物，都會被他無情地大肆抨擊，有時候，甚至歪理連篇，他也會說得頭頭是道，只要能夠攪亂對方的思緒、動搖反方的立場就好。

第六型／謹慎忠誠者

他的經典性格

妳對日本（Japan）的印象如何？講究傳統制度、強調責任義務、矢志將某一技術發揮到極致的精神，都是陽光面的第六型人的特質。妳喜歡好萊塢的「愛家好男人」——梅爾・吉伯遜（Mel

Gibson）嗎？他本身是一位第六型人，在電影裡也常常演出第六型的角色，例如：《致命武器》（Lethal Weapon）、《哈姆雷特》（Hamlet）……等。另外，影劇才子班・史提勒（Ben Stiller）與金像獎影帝達斯汀・霍夫曼（Dustin Hoffman）也都是現實生活中的第六型人，擁有那種「常在內心打量別人動機」的特質。（可參考電影《親家路窄Meet the Fockers》）。

他總是這樣想——【誰比較可靠？】

第六型的人希望大家都喜歡他，所以，他也盡量表現出平易近人、忠心支持對方的一面。儘管表現優秀，他有時候還是會懷疑自己的能力，並對未來充滿猶豫與不確定感，總覺得好運不會輕易降臨。如果真的走運了，那也許應該更要小心一點，因為，厄運可能正在前面等著呢！因此，他一直在尋找一位能給他支援或是指引的前輩或是老師，這樣，當他難以下決定時，才有一個可以諮詢的對象。他希望不倚靠任何人，獨立自主地掌握自己的人生。只是，第六型性格特質中的「自我懷疑」，常常讓他覺得還是要找一些「靠背」，這樣會比較安心。然而，這些「短線支持」也許在某一、兩件決策中幫助他做出正確判斷，但時間久了，卻容易讓第六型的人漸漸失去信心。

他習慣這麼做——【先看別人的反應再說】

第六型的人習慣向外界尋求安全感，所以，他會十分在意別人的反應，期待自己支持別人，別人也會回報以支持。因此，他比較容易被情境所影響，情緒起伏不小。但同時，他警覺到自己被影響，為了貫徹內心追求獨立的渴望，他又會表現出抗拒別人、堅持己見的一面；有時還會故意唱反調。這種矛盾的行為，反映出第六型人內心的掙扎與對抗——他很想獲得大家的接納，但又怕失去自我的獨立性。他對未來充滿恐懼，渴望有人支持他，但是又不願依附在別人的羽翼下。因此，他就在這樣的矛盾當中，一方面小心翼翼地尋找可靠的支柱，一方面又想擺脫支柱獨自前進。

第七型／勇於嘗新者

他的經典性格

妳對義大利（Italy）的印象如何？生命就該浪費在美好的事物上！義大利人每天花在美食、葡萄酒、聊天、打扮、午睡、喝咖啡、逛街……的時間，是奢侈到足以令全世界的人羨慕！妳喜歡電影《鐵達尼號》（Titanic）中，那位喜歡冒險、懂得把握機會、樂觀風趣又深情款款的傑克（由李奧那多・狄卡皮歐飾演）嗎？李奧那多在現實生活中也是一位第七型人，他也在電影裡常常扮演第三型（《神鬼交鋒》Catch Me If You Can）的角色。

他總是這樣想——【哪一個比較有趣？】

第七型人希望永遠保持快樂的感覺與自由的行動力，所以，「及時行樂」是他的人生哲學，任何會帶來不愉快的事物都會被他快速刪除。他喜歡參與新奇有趣的活動，最好是能帶來刺激感與活力感，這樣，他才不會有時間去想到煩人的事情。由於經常嘗試新體驗，他會變得難以滿足，可能產生的心態是：「下一個活動應該會更有趣！」所以，他總是興奮地計畫未來，光是想像即將進行的活動就可以讓他高興上好幾天。只是一旦真正參與了計畫，他可能只是蜻蜓點水般地匆匆略過，因為，他已經在開始構想下一個計畫了！對他來說，活動本身並不重要，重要的是，他能夠從參與活動的過程中得到多大的滿足感。

他習慣這麼做——【先做好玩的】

第七型人習慣藉著活動來安撫焦慮與空虛感，所以，他大部分的時間與精力都花在對外的活動上，總是盡量把行程表排滿，很少讓自己有空檔。他喜歡熱鬧、享受物質生活，因為這可以讓他覺得朝氣蓬勃，好像生活在雲端一般無憂無慮。只是，當性格開始變得不健康時，要小心過度物欲、甚至膚淺。其實，第七型人通常都很聰明，只是因為心思太活躍，造成無法安定下來好好完成一件工作，不然，以他的能力，絕對會有精彩的表現。

第八型／天生領導者

他的經典性格

妳對中國（China）的印象如何？還記得轟動社會的「倪夏事件」，有人說，遇到這種事，台灣婦女是一路哭著回家，對岸的人則是一路罵回家，讓人強烈感受到不同的文化背景。沒錯，過去幾十年中國大陸的狀況，正是一個產生第八型人的搖籃。妳喜歡性格明星邁可・道格拉斯（Michael Douglas）嗎？他本身是一位第八型人，也常在電影裡扮演同性格的角色。他在金獎影帝鉅作《華爾街》裡的名言：「貪婪是一件好事。」鮮明點出第八型重視力量勝過規則的特質。我印象最深刻的是，有一幕他正聚精會神地在電話裡談公事，突然，他卻完全被眼前美麗的落日海景所吸引。這就是外表冰冷現實、但內心充滿赤子之心的第八型人。

他總是這樣想——【別想打敗我】

第八型人希望受人尊敬，最好大家都聽令於他，所以，他向來毫不手軟地表現自己強硬的一面。為了不被別人佔便宜，他必須把自己「武裝」起來，看緊身邊的資源，想辦法讓別人對他產生敬畏的心而不敢挑釁。他非常自我，甚至可以說很自大，因為，對他來說，自己是對抗邪惡與不公平的唯一力量，他必須不斷地擴張自己的能力與領土，這樣才能生存下去。他自認是堅強而且不需要任何人的獨立個體，但是，他卻希望每個人都依賴他。當然，他不是神，他也是一個需要團體生活的凡人，只是，他能接受多少愛與關心，完全看他能將心房敞開多少。第八型的人傾向把「需要別人」看成是一種軟弱的表現，所以，他盡量強硬自己的心，不輕易讓感情流露出來。

他習慣這麼做──【我得掌握一切】

第八型人迫切地想要控制環境，因為，他害怕要是不先搶下主控權，很可能自己就得受別人的控制。所以，他總是在挑戰自我的極限，也喜歡試探別人的能耐，看看還有什麼空間可以讓自己擠進去，不讓別人先佔到便宜。聽起來，第八型人好像很自私自利，其實，這只是九種性格裡的其中一種生存價值觀罷了。對他來說，為自己打算、堅持己見不退讓，是理所當然的事情，他絲毫不覺得有什麼衝突，而且認為人人都應該這麼做。因此，他的人際關係可能比較容易出現緊張的狀況。而人際間的衝突當然會讓他感到挫折或不安，但是他傾向壓抑這些感覺，好讓他能繼續強硬地排開大眾，擴充他的王國。

第九型／嚮往和平者

他的經典性格

妳對峇里島（Bali）的印象如何？悠閒舒適、輕鬆自在，那絕對是一個能夠讓妳放鬆身心、重拾活力的度假勝地。妳喜歡大導演克林・伊斯威特（Clint Eastwood）嗎？這一位被好萊塢稱頌是最謙虛、最不造作的明星，就是一位第九型人。而他在金像獎最佳影片《殺無赦》中也是一位第九型的角色，飾演一位迫於生活而重操舊業的殺手，卻因此無奈地被捲入尋仇的槍戰中。此外，已故金獎影帝賈利・古柏（Gary Cooper）本身也是第九型，擅長演出低調卻勇敢的無名英雄。他所主演的西部影片——《日正當中》（High Noon），就是一個典型的例子。

他總是這樣想——【大家高興就好】

第九型人希望到處都是一團和氣，所以，他很擅長幫別人排解紛爭、化解不同的意見。同時，他也不希望自己內心的平靜被打擾，因此，會盡量不與別人發生衝突，而他覺得最有效的方式就是「不堅持己見」。第九型的人認為，直接說出自己的想法或是太固守立場，都是一種侵略他人意志力的表現，這樣會帶來人際關係的緊張，讓他感到十分不安。所以，他總是願意順從別人的心意，即使他內心有更想要的結果。為了顧全大局，第九型人一再壓抑自己的意見，時間久了，任誰都會覺得心理不平衡。只是第九型的人仍然不願意把憤怒直接發洩出來，反而採取頑固抵抗別人的方式，這會讓他更嚴重地與現實世界隔離。

他習慣這麼做——【維持和諧的氣氛】

第九型人希望能和周圍的事物融為一體，所以，他傾向順應外界的壓力。同時，為了減少與別人的衝突，他開始放棄自己的欲望，因為，有欲望就有執著，欲望是戰爭的導火線。第九型的人通常很會自我安慰，認為只要能維持內心的平靜，這樣外界的事物也會跟著風平浪靜。因此，任何會破壞內心安寧的事情，都會被他刻意忽視或減低嚴重性。他習慣透過別人的生活來豐富自己；甚至，美化生活中重要的人，讓自己覺得開心幸福。

摸透他的戀愛法則，才能深刻打動人心

第一型／理想崇高者

愛情檔案室：原則第一的K先生

K先生抱怨他的妻子很少心悅誠服地接受他的意見，還常常質疑他的建議。比方說，從小K先生的父親就曾再三告誡他，吹冷氣的後遺症會在老年的時候顯現出來。所以，為了妻子好，他當然堅持不讓她吹冷氣。但妻子卻抱怨連連，讓K先生覺得妻子不僅缺乏忍耐力，更不懂得保養身體。

此外，妻子最愛看服裝雜誌以及八卦節目，K先生覺得這些都是膚淺、不求長進的表現。因此，他規定家裡不准看這些節目，還認真地幫妻子挑選了一些知識性的書籍：偉人傳記、哲學思想、比較文學……等。可以陶冶心靈的文化饗宴。

K先生覺得任何事情都有一個標準在，達不到標準就不能誇口。就像妻子帶他去品嚐一家號稱法國原味的點心店，讓旅居法國多年的他忍不住批評。他堅信，法國點心應該要有像他在法國吃過的那種口感，沒有那種味道就不能說是「法國原味」！

他渴望的愛情——【一起朝完美邁進】

他渴望遇見一位有共同理想、和他一樣事事求完美的另一半。他做事用心而且注重程序與細節，因為，他不想犯下任何錯誤。他對自己的要求標準很高，在「愛屋及烏」的心態下，讓他對妳也抱著同樣的標準；若妳犯了錯，他會覺得是自己的責任，因為，他沒有把妳「教好」。當對妳感到不滿時，他會先忍住怒火，想辦法「暗示」妳；若暗示無效，他便會將怒氣付諸行動，讓妳「明白」他正在生氣。

他對親密關係的標準，與他過去的經驗或認知有著極大的關連。如果，他認定一個好女孩應該要懂得三從四德，那麼，他絕對會以這個標準嚴格地檢視妳，一旦妳不能達到這個標準，他可能便會開始質疑這一段感情了。

此外，對世界抱持「非黑即白」觀念的他不太能明瞭，為何美好的愛情會出現令人挫折的小缺憾？為了愛只好想辦法去修補缺憾，讓這段愛情呈現出「他心中理想的模式」。

他的愛情禁忌——【不要以狡辯逃避道歉】

強調是非分明的他，最討厭別人做事偷雞摸狗、死不認錯、或編一大堆理由推卸責任。他的主觀意識很強（雖然他一直認為自己是客觀公正的人），不喜歡做出超過倫理規範或社會標準的行為。因此他也希望妳是一位遵守紀律、識大體、和他一樣在乎別人看法的好女孩。

妳最好要懂得在人前維護他的面子，因為，他非常在意別人的看法；私底下妳也應該尊重他的意見，因為，他最害怕的就是妳的批評。同時，妳也應該表現出負責任的好態度，因為，他自認為對妳的付出與忍耐比妳付出的多太多了！還有，千萬別忘了表現出有教養的淑女風範，這是他擇偶的第一要件。

讓他更愛妳

- 勇於認錯。不管妳相不相信，第一型的他喜歡看見人們懊惱自責的模樣，因為，那是他最怕會發生在自己身上的狀況。
- 吵架時，最好表現出「妳其實是想找一個好辦法來解決你們之間的問題」。這樣，他會在認同「理性」的心情下，稍稍和緩緊繃的批判心。
- 禮貌性提出分擔家務。第一型的人強調公平性，因此，他會暗地裡希望妳能分擔家裡的責任。但由於他天性害怕被別人拒絕，所以，有時候他不見得會開口說出他的要求，常常等到他憋了一肚子怨氣時，妳才會知道他想要什麼。
- 溫柔地向他訴苦。充滿恨意的言語只會讓他直覺地想先為自己辯護，無法真的傾聽到妳的心聲。所以，不妨以感性柔和的語氣說出妳的想法吧！適時地放低妳的姿態，對你們的關係絕對有正面的幫助。
- 如果他喜歡批評的態度讓妳很傷腦筋，不妨提醒他，他的讚美與鼓勵比較能夠幫助妳「改邪歸正」。

第二型／古道熱腸者

愛情檔案室：服務第一的W先生

W先生對女友是大家公認的體貼，不僅隨傳隨到，只要是女友想要的東西，即使自己都捨不得買，他還是會想辦法滿足女友的願望。W先生幾乎沒有向女友開口要求過什麼，他只要看到她開心的笑容，所有的辛苦和委屈就都值得了。只是，當女友提出分手時，這讓W先生幾乎崩潰！他想不透自己還有哪裡做得不夠好？他更擔心女友少了他的照顧，一個人要如何面對險惡的世界？他一方面向女友表達永遠等她回頭，一方面又忍不住找女友的好友們抱怨訴苦。

的確，W先生對女友照顧得無微不至，有時女友根本不必開口，他就已經把她需要的東西準備好了。雖然女友一再請他不要費心，許多事情她自己打理就好，但是，W先生就是執意幫她完成。這讓早就想離開的女友，每次看到W先生深情無悔的挽留與付出，就心軟地暫時打消了分手的念頭。漸漸地，生活上完全依賴W先生的她，開始害怕，若是離開了W先生，自己可能真的無法一個人生存下去了！於是，罪惡感與恐懼感讓她無法離開W先生，但是，內心的空虛又讓她痛苦不堪。

經過幾年的掙扎，女友終究還是看清了自己對W先生的感情，選擇離開。

他渴望的愛情——【分享一切的親密感】

他渴望遇見一位心靈相通、與他一樣追求溫暖親密感的另一半。他的心地善良並且願意助人為善，因為，他希望自己是一個好人。

他習慣以「幫助者」的姿態出現在別人的面前，最好人人都需要他的幫忙，這樣才會覺得自己的生命充滿了活力。不妨回想一下，你們之間的關係，是不是就是從他對妳伸出某種援手開始的呢？跟他在一起，罪惡感難免會困擾著妳，因為，他總是會有意無意地讓妳感覺到：「我默默地為妳做了這麼多，這就是妳的回報嗎？」甚至，即使他沒有表示，妳的良知也會提醒妳他的付出（因為，他真的做了很多，即使許多事情根本不需要他的幫忙）。

因此，內疚的妳只好「照著他的意思」去做。久而久之，妳會覺得自己的生活似乎已經被他的愛所控制了，因為，許多妳想做的事情，他會用他的方式幫妳完成；而他想要妳做的事情，妳卻必須得以他要的方式去完成。

他的愛情禁忌——【不要忘記他的付出】

願意為愛人付出的他，最無法忍受沒有回饋的愛。他很容易被美麗或才華出眾、或需要幫助的女生所吸引。他最大的樂趣就是為他的「獵物」服務，尤其是在一旁幫助自己喜歡的人發揮潛能，能帶給他非常大的成就感。

最好常常用行動表達妳的謝意，因為，為妳做牛做馬的他正等著妳的感激涕零。別忘了保持羅曼蒂克的心情，並以最甜蜜浪漫的方式回報他。一本貼滿回憶的相簿、一封寫滿甜言蜜語的簡訊、甚至只是一個深情的吻，都會讓他感動地流下淚來！

還有，請盡量接受他慷慨大方的服務，因為，妳絕對不會想讓他把這樣的注意力轉移到別的女生身上吧！

讓他更愛妳

- 讓他知道妳真的好愛好愛他；如果妳能讓全世界都知道，更好！
- 千萬不要說他不夠理性。很多第二型男生在進行「自我分析」時，都會認為自己是第九型，也許這和第二型某些比較「女性化」的性格特質有關吧！畢竟，男生都不希望給別人太感性或情緒化的印象。不過，當妳想批評他的時候，還是以婉轉的方式來說會比較好。
- 和他一起擁抱人群。他是一個喜歡走進人群裡、愛熱鬧的人，同時，也很喜歡八卦消息。所以，和他一起討論你們周圍的人，就是你們最佳的共同話題了。
- 想和他的想法更接近？那不妨學習從人性化的角度來思考事情。他是一個很有同理心、注重人情味的人，所以，太為自己著想、或太理性的女生，反而會讓他卻步。
- 鼓勵他開口要求。他比較不會直接說出自己要什麼，妳應該適時展現體貼的態度，幫助他照顧自己的需要。千萬不要以為他沒有開口就忽略了他的需求。

愛情檔案室：面子第一的L先生

L先生做任何事都講究場面。送禮要送看起來又大又貴的，穿衣服要選能叫得出牌子的，休閒娛樂當然是高爾夫莫屬，開公司當老闆得先為自己準備一間超大超美的辦公室。送往迎來的場面他最擅長，凡事都要得體才不失面子，就像他斥資裝潢的新家，光看大門就稱得上是華宅了！L先生還有一位美麗的妻子與一雙兒女，生活算是美滿無缺。

只是，生性低調的妻子對L先生喜歡處處炫耀的行為十分反感，兩個人也常常為了金錢的事情起爭執。妻子不滿L先生愛面子擺排場，L先生則不滿妻子只作自己有興趣的事情而不懂得認清現實。而因為他的工作時間太長，兩個孩子其實與他也不是很親近，只維持表面上的和諧而已。

每次和妻子吵架後，L先生在心裡忍不住疑惑，他日夜努力工作就是為了給自己與家人一個優質的生活，但是，為什麼他卻好像成了破壞家庭幸福的那個人？到底他哪裡做得不對？他要如何做才能塑造一個理想中的美滿家庭？煩惱一來，L先生馬上變得很焦慮，他不能忍受靜靜地坐著思考，覺得自己一定要趕快採取某種行動。他為自己訂下一個目標：「今年一定要帶全家去度假，這樣大家的感情應該會變好！」

他渴望的愛情——【最好能讓自己更有價值】

他渴望遇見一位條件相當、甚至更優秀、和他一樣追求成功人生的另一半。第三型的他向來以事業為重，除非遇見真愛，不然，他不太花時間去分析內心真正的感覺。交友廣闊且處事圓滑的他，習慣依場合「表演」出適當的情緒。比方說，在花前月下的場合，他會「模擬」以往所看過的愛情連續劇或是小說情節，竭盡所能表現出完美情人的形象。為了達到他心中的目標，他可能會誇大感情的強度，這是妳必須要特別注意的。

他不太能適應負面的情緒，所以，只要一感覺到痛苦，他會立刻想做點事情來解決問題、或只是分散這個情緒。對他來說，用心去感受痛苦並分析問題，只會讓他更沮喪。

在面臨感情更進一步的關卡時，他會顯得有點抗拒，因為，此時他必須面對內心真實的感覺，而那是他很少有機會去做的事情。同時，他也擔心當對方更進一步認識他時，會發現他辛苦建立起來的形象，根本不符合實際情況。

他的愛情禁忌——【不要讓他丟臉】

好勝心超強的他，最無法忍受的當然是比輸別人。所以，身為他的另一半，妳應該也要注重自己的言行舉止與穿著打扮，最好培養一些讓他可以向別人誇耀的嗜好或專長。他不喜歡沒有效率的事情，所以，不要長篇大論地對他吐苦水，最好精確說明妳的需要就可以了。別忘了，他的自尊心比一般人強，因此，不要提他過去犯的錯誤或是不好的回憶。

此外，太軟性、太心靈導向的談話內容也可以省下來，因為，凡事講究實際效益的他，通常不會有興趣聽。根據我的經驗，第三型的人確實對「自我探索」比較缺乏興趣。

讓他更愛妳

- 感激他的辛勤工作。也許他不擅長與妳談心底話，但是，他會努力地賺錢給妳用。
- 支持他拚事業。他是那種閒不下來的人，即使去度假也會想著與工作有關的事情。常聽到有人一退休就渾身不自在還生病，這些「勞碌命」通常都是第三型的人。所以，不妨讓他好好地拚事業，而妳也要妥善安排自己的生活，並適時將他從工作中拖出來，放鬆一下身心。
- 當他的頭號粉絲。他是要活在掌聲中的人，大家的讚美能讓他走更長遠的路。所以，不要吝嗇妳的喝采與仰慕，用力讚賞他的自信、效率、積極與活力，讓他覺得妳真是他這一輩子的知音！
- 幫助他的心靈成長。如果他能將幹勁與活力完全發揮在他真正有興趣的事物上，那他不僅會是世界上最成功的人，也是最幸福的人了。只是第三型的人從小習慣以別人（尤其是父母）的志願為志願，拼命一輩子到頭來卻是實現了別人的夢想。

愛情檔案室：感覺第一的A先生

A先生在大學時代就已經有「憂鬱王子」的封號，因為，他常常看起來一副心事重重的模樣，就算微笑，也帶有點「苦多於樂」的淡淡哀愁，而這也正是A先生對人生的觀點。他不太會主動跟別人談起他的過去，但若是他願意，你會很驚訝地發現，他的背後原來隱藏著許多令人感傷與震撼的人生故事，尤其是他曾經失去的至愛，那道傷痕至今似乎仍未復原。而從他哀莫大於心死的眼神，你會不禁懷疑，也許他永遠都無法再去愛另一個人了。

其實，A先生當然十分渴望愛情的到來，只是，每次一有新的對象出現時，他總忍不住與過去的戀人相比較；即使自己真的很愛對方了，A先生還是會忍不住自問：「我真的愛她嗎？還是只是一時的迷惑……」為了澄清心中的疑慮，A先生開始對愛人冷淡，甚至，潛意識裡不想再需要對方。可是，一旦分手了，A先生才猛然覺醒自己是真心愛對方的。這種「一下愛，一下又不愛」的態度，讓他錯失不少好對象。

嚮往浪漫戀情的A先生也承認，他比較容易被一些「禁忌的愛」所吸引。比方說，社會條件不相配，或不小心當了第三者……總之，平淡的愛情是無法滿足他渴望被熱情與烈愛填補的心。因此，A先生的情史通常比一般人曲折多磨而且高潮迭起。

他渴望的愛情——【最懂他的人】

他渴望遇見一位心有靈犀、和他一樣能深刻感受人生意義的另一半。第四型人比較情緒化，有時難免給人「無病呻吟」的感覺，一件小事情就能讓他感觸良多。他的情緒很容易被挑動，並傾向把情緒跟自己的現況相連結。比方說，看到夕陽之美，就聯想到你們的感情現況已經發展到一個無力再綻放光芒的階段（其實，你們的感情正處於成熟穩定的階段）；聽到小鳥啁啾，就聯想到小時候母親唱的搖籃曲，讓他深深陷入兒時的回憶當中，甚至引發「子欲養而親不待」的感慨。反正，他就是得把外在事物與自己的感受連結在一起。

因此，妳最好是一位個性比較穩定的女生，不然，妳若是也跟著他的情緒起起伏伏，兩個人的關係可能會常常處在緊繃的狀態。此外，由於他總覺得自己與心裡的完美形象差太遠了，因此，容易產生有點自卑自憐的感覺，在戀情剛開始時，他會比較不敢放心去愛，害怕對方發現他的「不完美」。

他的愛情禁忌——【不要誤解他】

一心想表達自我的他，最無法忍受的就是被冤枉或被誤會。由於他自認為曾經歷過人生不堪承受的一面，所以，他對那些正在與困境搏鬥的人，都非常能夠感同身受。他對人生的態度比較悲觀黑暗，所以，他覺得美好的事物是遙不可及的，更覺得自己沒有被全心全意的珍愛過。

因此，想做他的愛人，妳最好先成為他的知音，能夠體貼他因為性格特質而產生情緒多變的問題。其實，他還是原來的他，他只是被突然而來的情緒給搞糊塗了，而妳正是能夠陪伴他撥雲見日的穩定支柱，讓他這一條汪洋中的小船，能夠暫時停泊在充滿溫暖與愛心的安全港灣裡。

讓他更愛妳

- 不要敷衍他的情緒。敏感的他擁有一顆赤子之心，他認真地看待生命，也認真地感受情緒。所以，當他心情不好時，不要提供一些「說起來容易」的解決辦法，因為，那只會讓他覺得妳根本不瞭解情況。妳通常只需要靜靜地陪伴他就好了。但是，當他真的需要妳的鼓勵時，妳可能得使出渾身解數才能將他從沮喪的泥沼中拔出來。
- 不要批評他。他很容易對意見產生敵意，更糟的是，比較缺乏自信的他，很容易惱羞成怒並且自我打擊。
- 幫助他走出牛角尖。比較自我的他，容易把每件事都當作針對他而來，所以，常常會「錯誤解讀」了別人的言行舉止。因此，當他感覺別人有惡意時，不妨鼓勵他去把事情弄清楚，也許其中有誤會。
- 讓他知道情緒化給妳的困擾。請用充滿愛意的方式告訴他，他的過度敏感與有時不切實際的作為，帶給妳很大的困擾。對他坦誠妳心中的想法，讓他瞭解妳的困境，有同理心的他絕對會願意幫助一位「為愛受折磨」的人。
- 欣賞他的敏感度。他是一個很有創造力與想像力的感性男生，不妨鼓勵他去從事真正喜歡的事情，將他的熱情與敏感做最有意義的發揮！

愛情檔案室：空間第一的M先生

曾經有過一次刻骨銘心的失戀經驗，M先生很怕再談感情，頂多只是約會幾次，就不太主動與對方聯絡，結果，也就不了了之。M先生說：「戀愛中令人痛苦的部分是，你必須得先犧牲部分自我去和對方相處；而當真愛發生時，你又得承受對方想融進你的生活時所產生的種種協調問題；最後，萬一失戀，你還得花時間療傷。談戀愛真的很麻煩！」所以，他選擇不要再經歷這一切。

M先生不喜歡將自己的作息固定下來，聽說這也是前女友最受不了他的地方。比方說，他常常莫名其妙地「人間蒸發」，讓前女友找不到人。再出現時也沒有多做解釋，一副「反正我沒做壞事，妳不要問就對了。」的態度，讓嚮往穩定感的前女友無法接受。問他為什麼不願意讓別人知道他的行蹤，他卻反問：「為什麼要？」他承認自己比較喜歡獨處，因為一個人的時候，許多感覺會變得比較清楚。M先生相當有才氣，只是不太擅長用言語表達他的想法，原本在心裡想得天衣無縫的計畫，一旦要公開說明，卻總覺得找不到最適合的詞彙。

此外，M先生不給承諾也是造成前女友離開的原因之一。他覺得要許下一個終身的盟約實在壓力太大，因為，盟約代表著責任與義務。他不是不願意負責，只是想到一切可能隨之而來的調適問題，就讓他想打退堂鼓了。

他渴望的愛情——【尊重彼此的隱私權】

他渴望遇見一位能夠自我照顧、和他一樣重視個人空間的另一半。第五型人對愛情充滿了期待，但是也心懷恐懼，深怕遇上一位會佔用他生活空間的對象。從小，他就很努力地「一個人生活」，習慣謝絕外界過度的關心與付出，所以，談戀愛對他來說，最大的風險就是失去對自我資源的支配權。比方說，他得開始配合妳的時間、參與妳的活動……在交往初期，也許妳會無法肯定他對妳的感覺，因為，他可能不定期地來約妳，甚至表現出「我一個人也過得很好」的態度。

當戀情逐漸升溫時，不妨從他的負面情緒來觀察他對妳的愛意。如果他開始表現出嫉妒、或對妳生氣，那很可能是因為他愈來愈需要妳了，只是他不擅長用言辭表達他的依賴。

當你們出現問題時，他會想找一個地方讓自己仔細思考，而不是當場就給妳明確的答案。他是一個能做深度思考的人，但前提是不要給他壓力。也許他表現出很樂於與人親近，但是，那真的只是出於社交禮貌。私底下的他，寧願省去這些交際應酬的麻煩，將時間與精力花在他有興趣的事物上。

他的愛情禁忌——【不要打擾他】

一心想擁有自我堡壘的他，最無法忍受的就是被侵犯，尤其當妳因為憤怒而變得情緒激動時，他會只想逃開。所以，不要企圖用強烈的情緒去打動他或讓他屈服，那只會得到反效果。

此外，由於他能夠長時間專注在他有興趣的事物上，因此，不妨培養妳自己的興趣，這樣，兩人就能相安無事。別忘了，他並不喜歡「突然的改變」，所以，當妳想為兩個人做共同的規畫時，一定要記得先和他商量。

讓他更愛妳

● 給他時間。他是一個需要在獨處時才能想清楚的人。所以，給他時間思考、給他時間適應，不要貿然將他推入沒有選擇的餘地，這可會讓他勃然大怒。

● 學習享受空白。由於心思活動太頻繁，他的思緒很容易就飛到與眼前不相干的主題上，或一個人就陷入了沉思狀態。所以，如果約會時偶爾出現了空白時刻，妳不要急著隨便找話題填補，就專心感受一下眼前的寧靜吧！只是，他的性格不習慣主動開啟話題或訂定約會，這方面還是由妳主動製造機會比較好。

● 重視他的建議。聰明、觀察力佳、又善分析的他，其實可以給妳中肯客觀的意見。所以，當妳遇到難以決定的事情時，不妨聽聽他的建議，但是，不要勉強他來安慰妳或讓妳開心。

● 用理性的方式陳述妳的需要。但是不要以「要求」的口吻，因為，他對「要求」或是「命令」十分反感；妳愈要他這樣做，他很可能愈會唱反調。

● 尊重他的嗜好。讓他有時間沉浸在自我的世界裡，對你們的關係絕對有正面的幫助。因為，他比其他性格的人更需要有自己的空間。不要依賴他，那只會把他嚇跑。健康的兩性關係應該是心意相通，但彼此仍是獨立的個體，擁有自己的生活圈。

第六型／謹慎忠誠者

愛情檔案室：安全第一的H先生

從事業務工作的H先生對女友看得很緊，不太喜歡她下班後參與其他的應酬活動，尤其是有男生在的場合，他太清楚在那樣的場合，難免出現一些調情的笑話或是動作，因為，他自己平時的社交活動就是那樣的情況。所以，他想要杜絕女友發生類似曖昧狀況的可能，以免哪一天真的日久生情。

所以，他要女友定時打電話向他回報行蹤，當然，他也會三不五時地查勤。但是，若女友也開始追問他的行蹤，他反而會覺得生氣，因為，他的工作性質要奔波應酬，如果到哪裡都要交代清楚，那他如何專心工作？反正，他不喜歡女友以相同的事情來要求他，因為，他必須要有自己作主的感覺。

看起來溫文友善的他，其實也有火爆的一面，尤其當他覺得別人對他不禮貌或是有敵意，他會一下子變得像刺蝟一般，絕不讓對方傷害到他。當他和女友吵架時，他總是說很多氣話，但常常都是「反話」。比方說，明明想要對方留下來，但是卻開口叫她走。可是，若女友真的要離開，他卻更生氣，氣她為什麼不能瞭解，他其實想要她示好求和。只要她不斷地安撫他，他發完火後馬上就風平浪靜了。

他希望女友全心全意的支持與奉獻，而且，絕對不能欺騙他；當然，他也會要求自己為兩個人的未來奮鬥，只要她都按照他的要求去做。

他渴望的愛情——【忠貞不二的坦誠相待】

他渴望遇見一位能夠給他支持、和他一樣重視感情忠誠度的另一半。第六型的他充滿想像力與夢想，可惜的是，他比較沒有勇氣去追求自己想要的事物，因為，他必須要顧及現實生活的考量。在理想與現實中掙扎的他，在愛情裡也是矛盾不已，尤其在決定要不要展開一段新戀情時，他渴望愛卻又害怕失敗到的夢魘，讓他幾乎喪失追求真愛的勇氣。

一旦陷入情網，性格上的不安全感讓，他不由自主地想「測試」愛人的忠誠度，而「懷疑」便是其中一個方式，甚至，提出分手也是一個測試愛人的殺手鐧。即使他已經很愛很愛妳，但是，他仍然不敢確定任何事，因為，妳可能會離開。

所以，他的內心充滿了懷疑與不安全感，需要妳一再幫助他肯定這段感情的結局，這樣，他才有勇氣繼續走下去。他不像第三型人需要以某種形象或是地位來增強自己的信心，第六型人通常需要透過某個人帶給他安全感。所以，只要妳對他百分百的忠誠，渴望安全感的他一定很難離開妳。

他的愛情禁忌——【不要欺騙他】

一心追求安全感的他，最無法忍受的就是被欺騙，謊言不僅會摧毀他的安全感，同時，也會讓他的自信心受挫，掀起歇斯底里的情緒潰堤。建議妳最好凡事都與他開誠布公的討論，這樣，不僅能幫助他減低懷疑帶來的猜忌與不安，同時，也可以增加他對這份感情與對妳的信任。

其實，當他的性格健康度在陽光面的時候，他是一個不需要妳太費心的愛人，而且，他還會把妳擺在第一位，一心一意地為你們的未來努力。

讓他更愛妳

● 幫助他穩定下來。他比較容易緊張，當面臨壓力時，他會更難做決定，或是，衝動地不經思考就貿然選擇。提供他一些靜心的方式，鼓勵他相信自己的判斷與直覺，如此才不會容易驚慌而無所適從。不過，在安撫他之前，妳最好先不斷地向他保證，他確實具有處理危機的能力，加強他的自信心。

● 不斷重複說妳愛他。由於性格的因素，他比一般人更需要愛的保證。也許他常常會質疑妳的愛、或你們的戀情能夠持續多久，這些都是因為他害怕失去妳，所以，他會產生這些疑慮。他習慣以抱怨來表達他對妳的渴望，因此，不要馬上對他的抱怨生氣，不妨先這樣對他說：「我愛你，永遠都不會變心。」

● 示愛不要過度。不過，他最受不了虛假，所以，請不要太誇張地表達妳的感情，不然，多疑的他會更不安。

● 幫助他回復理智。在吵架時盡量避免與他掉入意氣之爭，因為，那可能會讓爭吵的局面更難以收尾。試著告訴他，妳在思考用一個比較有建設性的方式來解決你們的問題。如果，他還是暴跳如雷，妳最好忍耐一下，等他發完脾氣、或不再那麼激動時再談。

● 多看光明面。他習慣凡事先往壞處打算，當然，「未雨綢繆」是一件好事，只是，「因噎廢食」就會喪失許多大好機會了。幫助他看清世事難料的天理，每個選擇都有風險，行動不一定會帶來成功，但是，不去嘗試鐵定只有後悔。

愛情檔案室：自由第一的F先生

凡事喜歡嘗試所有可能性的F先生，在愛情方面也抱持著「這個不錯，那個可能會更好」的心態。他曾經有一個交往多年的女朋友，但是，只要有機會，他很難抗拒「想去嘗試看看」的誘惑。他並不想玩弄別人的感情，只是，主張及時行樂並追求新鮮感的他，「一夜情」的露水戀情讓不少女生心碎，因此，難免給人花心的印象。而每當戀情陷入無解的難題時，他通常會快刀斬亂麻，然後重新出發去尋找新的戀情。

喜歡享受生活的F先生，最無法忍受沒有歡樂感的日子，只要是充滿笑聲的場合，他都不願意錯過，而且，他通常能讓聚會的氣氛更熱鬧有趣。妙語如珠的他，總是能很快「炒熱」現場。所以，只要有他在，大家都不必擔心沒有好玩的事情會發生。

他希望能與另一半體驗所有美好的事物，但是種種享受也讓他的經濟負擔相當沉重。只是，如果另一半不能與他一起「瘋」，這會讓F先生感到生活的樂趣被剝奪，時間久了，難免會「近水樓台」地與常在一起玩的對象產生新戀情；他的前一段戀情就是這樣告吹的。

F先生正打算與一位相識不到四個月的女孩子結婚，其中一個很大的原因是：娶了她便可以拿到綠卡。這個理由雖然很現實，但是，F先生覺得有些人生機會是不容錯過的。只是，他不確定是否能夠守得住終身承諾，因為，他知道他的心還不定，而且，很可能永遠都無法安定下來。

他渴望的愛情——【一起享受生命】

他渴望遇見一位能夠認同他重視生活享受，且不願甘於平淡的另一半。第七型人自信機智，可以為了心情而隨時改變計畫。只是，興趣廣泛的他，手邊常常有很多「待完成」的計畫，因為，他光是想著未來要進行的活動就已經覺得樂趣十足，至於要不要參與或完成該項活動，反而並不是十分重要的事了。

追求快樂的他，比較難以忍受不愉快的情緒，因此，當兩個人之間發生問題時，他傾向以其他樂趣來逃避煩惱。如果妳堅持要他一起討論痛苦的根源，他會變得非常生氣，因為，妳剝奪了他的人生樂趣，害他必須要為「不要煩惱的自由」奮戰。

所以，建議妳不要等到他已經在「逃亡痛苦感覺」時才把負面情緒一次全倒給他。妳必須仔細觀察，他一開始想要以「合理的藉口」行「逃避」之實時，就幫助他將注意力放回眼前的問題。一位懂得在平時就消化適量負面情緒的女孩，會比較適合他。

他的愛情禁忌——【不要限制他】

一心想活在當下的他，最無法忍受的就是被限制，尤其當他身陷麻煩時，他會歸咎於是自己處處被設限，所以才會被逼到毫無選擇的角落。建議妳最好尊重他的自由意志，不要強迫他將行程公式化，或規定他幾點鐘一定要做什麼事，這會讓他喘不過氣來，並將所有的不快樂都怪在妳頭上。

如果妳是一個比較重感覺的人，建議妳自行找其他的抒發管道，盡量不要常和他談太沉重的心事，因為他的性格就是會讓他對「壞心情」敬而遠之。

讓他更愛妳

- 他是一個很懂得安排生活的人，但是，妳最好也培養各種嗜好、或擁有不同性質的社交圈。不要奢望他會照顧妳所有的休閒娛樂，相反地，如果妳能生活得比他精彩，他會更想要有妳作伴。
- 幫助他拒當情緒的挑食者。鼓勵他體驗「全套」的情緒：快樂與痛苦、歡愉與悲傷、熱鬧與孤獨……等；就像蛋糕中的甜味必須在巧克力的苦感陪襯下，才會顯得更可口。
- 如果在爭執中，他已經變得非常無禮而且口出惡言，此時，假使妳本來就不是喜歡正面衝突的人，建議妳還是先退一步，以較平和的態度繼續，並盡量精簡妳的論點。但是，最好不要過幾天後再談，因為，他會比妳更快忘記到底是為了什麼不愉快而爭吵。
- 提醒他，「冰凍三尺非一日之寒」，單一問題不解決只會引發更多的問題。所謂「長痛不如短痛」，快一點解決才能快一點幸福。
- 做個傾聽者。雖然他不是很有耐心，但是，他會希望在講故事時，大家都聽得津津有味。所以，請想辦法投入他的冒險世界吧！

第八型／天生領導者

愛情檔案室：權力第一的K先生

K先生是一個大男人主義者，他將妻小看成是自己的財產，雖然竭盡所能地提供給他們無微不至的照顧，但是，他也要求家人絕對服從他的旨意。他為家人立下許多規定，但是，自己卻常常不遵守規定。K先生很捨得花錢給家人最好的，不過，他卻堅持有威嚴感的父親形象；他當然想獲得孩子們的歡心，但是，他更寧願被尊敬。

K先生的妻子看起來柔中帶剛，圓滑的處事風格與柔軟的身段，正好與K先生的專橫互補。其實，K先生並不喜歡過於嬌弱的女子，他欣賞堅強、識大體，甚至帶點巾幗英雌的味道；扭捏、小心眼、不敢堅持己見的人，絕不是他的理想對象。K先生喜歡在吵架的時候一再挑起妻子的怒火，因為，他想知道她的忍耐極限究竟在哪裡。只是，個性堅毅的妻子非常瞭解K先生「來得快，去得也快」的火爆脾氣，她通常不發一語地任K先生發洩怒火，很少與他正面衝突。

隨著K先生的事業愈做愈大，外出應酬的機會也增加，但是，卻從未聽聞K先生有過緋聞外遇。與K先生親近的部屬們都清楚老闆的個性，只要K先生認同你的努力付出，他就不會虧待你；而在婚姻上他也抱著同樣的心態：「只要百分之兩百的挺我，妳就是我一輩子的伴侶。」

他渴望的愛情──【勇敢不悔的情人】

他渴望遇見一位能夠做他的後盾、和他一樣不輕易退縮的另一半。第八型人野心勃勃，期許自己能成就轟轟烈烈的大事業，因此，他需要一位堅強、有膽識與眼界的人生伴侶。第八型人通常堅毅不撓，所以，成功的機率也比較高；強烈的自我意識造成他不太體恤別人的感受，能夠心無旁騖地放手一搏。

他非常在意親密關係中的自主性，柔軟的情緒會讓他有依賴無助的錯覺，所以，他通常不太喜歡表現出感性或脆弱的一面；處心積慮想掌握妳的一切，為的就是不要被妳控制。讓他自發地為妳做事，因為妳若對他施加壓力，反而會導致他的反抗。

由於他的控制欲強烈，所以，他很容易產生「過量或過度」的狀況，因為，那會讓他誤以為自己能永遠掌控某一項事物。他是一個藏不住心情的人，所以，只要他感到無聊或是不愉快，他通常會直接表達他的想法，而妳唯一能做的事情是：讓他自行決定他要什麼。

他的愛情禁忌──【不要想掌握他】

一心追求獨立自主的他，最無法忍受的就是被別人控制；一旦發生爭執，他通常先把矛頭指向另一半。他是一個自我防禦心很強的人，所以，不要直接與他對抗，那只會激起他旺盛的鬥志；不妨先退一步，等他將怒氣發洩完畢後再說。最好不要表現出憤怒或害怕的模樣，這會讓他想要試探妳的情緒底線而持續地發動攻擊。

在激烈的爭吵後，希望妳別忘了，其實他的性格就是如此，爭吵時的惡毒言語只是為了發洩情緒，大部分不是針對妳而來。

讓他更愛妳

● 對他坦誠直言。他習慣直來直往的相處方式，所以，直接對他說出妳的感受，不要為了迎合他而有任何隱瞞，因為，等到妳忍無可忍才說實話時，他對妳的信任便會產生動搖了。

● 讓他知道他傷了妳的心。他容易自我膨脹，常常忽略了妳的感受，因此，總在無心之間對妳造成傷害。所以，坦白告訴他犯了錯，這才是讓你們的愛情能夠公平成長的有效方式。

● 提醒他多聽聽別人的心聲。他比較不在意別人的感受，所以，容易給人剛愎自用的印象。身為他的另一半，應該幫助他改善人際關係，並讓他瞭解，大部分的人都不喜歡與人發生正面衝突。

● 幫助他敞開心扉。強做勇敢的他，在信任的人面前比較容易卸下心防。鼓勵他說出心裡的問題或感受，讓自己成為他傾吐的對象吧！

● 盡量展現妳的活力。他喜歡充滿朝氣、精力充沛的女生，不管是在肉體或是心靈上，都要能陪他一起挑戰顛峰。

愛情檔案室：家人第一的B先生

在家中排行老么的B先生，雖然已年屆四十，卻仍是朋友眼中的黃金單身漢。個性溫文有禮、有一份待遇不菲的穩定工作、很捨得花錢享受美食、而且十分注重運動保養，最令友人羨慕的是，他常常和不同的女孩約會。

但是，B先生並不以此為樂，因為，他其實很想安定下來，自組一個小家庭。多年來的尋尋覓覓，只為找到一位可以相守一生的伴侶。可惜天不從人願，一切隨緣的他總覺得還未遇到那個對的人；加上兄姊們陸續成家，家中只剩下年邁的父母。B先生覺得和父母住在一起可以互相照料，所以，本來想搬出去一個人住的逍遙念頭也逐年打消。

只是，父母常會在他耳邊叨唸怎麼還不成家，剛開始他會打哈哈過去，時間久了，他乾脆不解釋了，父母卻說是他太頑固、不積極交女朋友。他心裡覺得真冤枉，他常常安排約會，也有幾個看起來不錯的對象，只是，各有各的好，但也沒有哪一個最特別。

B先生的生活作息非常固定，每天下班後便回家；父母若在家便一起吃晚飯，如果不在，他都固定到幾家外賣店買晚餐。晚餐後看電視、上上網，十一點以前一定上床睡覺。每個禮拜六，兄姊會輪流帶小孩回來，他有時還得充當「臨時褓母」；星期日早晨他固定去爬山，下午可能就和女孩約會了，通常會順便吃了晚餐再回家。

他渴望的愛情——【細水長流的穩定感情】

他渴望遇見一位和他一樣喜歡平靜生活、能白頭到老的另一半。他通常比較容易被充滿朝氣活力的女生所吸引，因為，他傾向以別人的生活來架構自己的生活。所以，如果妳的生活是比較多采多姿的，他會很樂意與妳一起過妳的生活，如此，他就不必為自己的生活方式傷腦筋了。

他的行事曆上會先填上妳的活動，然後，才來安排他的行程。他喜歡與另一半融成一體的感覺，所以，他習慣以妳的選擇為選擇，將自己定位成「妳的男友」、「媽媽的兒子」……而不是一個擁有某項特質的「自我」。

不過，千萬別以為他是完全沒有意見的好好先生，他其實是很固執的人，因為不想和妳起衝突，所以，他按捺住自己的意見。而他也是一個比較難做出決定的人，因為，他通常能看到一件事情的許多面向；或看清每一個選擇的優缺點。所以，他常常表現出「中立」的態度，不想因傾向任何一方而必須得捍衛自己的立場。

因此，他在感情裡也容易有「保持不動」的傾向，他不習慣主動表示喜好或要求，當然，也不會積極地去做任何改變。

他的愛情禁忌——【不要看他好欺負】

想要帶給大家和諧氣氛的他，最無法忍別人對他施加壓力讓他失去平靜。所以，當妳要求他去做他不想做的事情時，他可能會以拖延的方式來表達他的不情願；如果，妳因此而發飆，他傾向以

「不理睬」作為無言的抗議。因為當第九型人受到強大壓力時，下意識的反應就是先躲回自己的內心世界，逃避一切不愉快的感覺。

所以，妳應該要適度地尊重他的意願，雖然他可能還不太清楚自己想要什麼，但是，他絕對知道自己不要什麼，因為，會讓他產生反抗的情緒，通常就是他不想要的。此外，建議妳在平時就應該幫助他找到他有興趣的事物（因為他習慣參與妳的興趣），這樣，他在心情不好的時候，至少有一個「發洩」的管道，可讓他重拾內心的平靜。

讓他更愛妳

- 用心聆聽他的心聲。雖然他不太堅持己見，但是並不表示他沒有意見。當眾人都已經習慣他的好脾氣而忽略了他的存在時，妳的傾聽對他更有鼓勵的意義。
- 盡量看他好的一面。不要專注在他答應妳卻尚未做到的事情，不妨多多讚美他已經幫妳完成的事情。第九型的他只要一遇到指責與壓力，立刻會採取反抗的態度，即使只是靜態的不理不睬，已足夠讓性急的另一半抓狂了。
- 不要破壞他的平靜。如果妳想給他建議或批評，請盡量用和緩的語氣，因為，若妳的高分貝讓他的「平靜感」受到威脅，他馬上就會啟動「反抗」的心情了。一旦如此，妳將會見識到「固執牛脾氣」的可怕。
- 給他時間考慮。他比較難做出決定，所以，請保持耐心，讓他好好想清楚吧！不然，妳也可以用「消去法」幫助他過濾掉不想要的，以縮小「想要」的範圍；或以能夠明確回答的問題幫助他釐清需要。

● 不要勉強他。一時的順從只會積壓怨恨。也許，他擁有一個不計較的寬大胸懷，但是，他其實是很敏感的，有時候別人的要求或叮嚀，在他聽來卻像命令般讓他反感。總之，不要對他一再地重複要求或抱怨；妳的語氣愈平緩客氣，他愈不會反抗。

作個真正認識與懂他的靈魂伴侶，相伴一生

第一型／理想崇高者

工作中的他——【辦公室中的童子軍】

重視原則與紀律的他，很少拖延工作，他總是及早準備好所有的事項，以免自己違反規定。他希望能以最正確的方式完成工作，所以，很少鑽漏洞或敷衍了事。他克盡本分地遵守公司的任何規定；至於沒有被規定的部分，則常令他感到有點無所適從。因為，他不知道該如何行事才能確保自己在「安全」的範圍內不犯錯。

團體中的他——【不想當眾被反駁】

他對找出計畫或成品中的瑕疵非常在行，但是卻不想當第一個提出問題的人，因為害怕當眾被推翻而出糗。不過，當大家都表明自己的看法後，他卻能勇敢地為自己的主張辯護。因為，他向來自許是正義的一方，當別人都被利益薰心的時候，他應當要為了維護品質與榮譽而奮鬥。一個規則明確、能讓他從頭到尾全盤掌握的工作內容最適合他。

當他有壓力時——【情緒化的指責】

當他長時間面臨壓力時，平常看似冷靜的他，終於壓抑不住長期累積的憤怒，變得抱怨連連、甚至情緒化地哭訴。他覺得自己是別人不負責任的受害者，那些人只看心情做事，缺乏縝密的規畫，甚至連基本的道德原則都忽略了，害他必須一一收拾爛攤子。最讓他感到崩潰的是，現在再做什麼都已經於事無補了。其實，當第一型的人壓力太大時，把不滿的情緒盡量發洩出來是一件好事，只是，小心不要變成過度的情緒化反應才好。

第二型／古道熱腸者

工作中的他——【願意為老闆賣命】

對別人的需要十分敏感的他，總是能夠自動自發地完成老闆交代與未交代的工作；一個他認同的老闆，的確能夠激起他的工作熱忱。一心想贏得老闆注意的他，會刻意從事一些可以直接讓老闆看到成果的工作，即使工作本身非常卑微。同時，他也想贏得同事們的友誼，因此，他會熱情地參與同事間的活動，甚至介入別人的私生活。

團體中的他——【有服務才有熱忱】

看似友善熱情的他，其實對同事充滿競爭心，因為，他最希望的就是進入權力的核心，成為影響老闆決策的幕僚人士。對他來說，工作內容並不是最重要的，工作帶來的情感衝擊才是吸引他的主要原因。比方說，完成某個任務能幫助老闆度過難關、或能夠造福人群……等。當他從事諮詢、支援、激勵等性質的工作時最能勝任愉快。

當他有壓力時——【情緒火爆又專制】

平時溫柔體貼的他，其實渴望擁有對環境的掌控權。當他伸出援手被拒絕、付出的心力不被感激、或是同事不領情他的好意時，他渴望回報的心會整個崩潰。他認為自己是別人冥頑不靈、缺乏同情心的受害者。因此，蠻橫冰冷的命令，將取代以往和善委婉的態度；當他真的被惹毛了，報復性的行為是可以預期的。其實，當第二型的人壓力太大時，學習看重自己的需要是一件好事，只是，小心不要濫用特權或挾怨報復才好。

第三型／成功追求者

工作中的他——【拼命三郎】

講究效率與績效的他，很少打沒有把握的仗。實際的他，習慣先訂下可達成的目標，然後擬定策略，接著便勇往直前，直到任務完成才甘休。如果，途中出現困難，他會想辦法調整策略或改變方式；如果這個困難是人事因素，那麼，他會立刻開除失誤的人。只要不會被處罰，他會想辦法尋找捷徑。他喜歡在壓力下工作，因為，如此成功的果實才會更甜美。他不是一個注重細節的人，有時候為了達到目標，他會不得不犧牲品質。

團體中的他——【不想被別人搶走鋒頭】

當團體中還沒有明確的領導人時，他會想辦法表現自己：主動加班、召開會議、甚至志願接手某項艱鉅的工作……，為的就是找機會讓大家認識自己。人脈廣闊的他，習慣將別人視為可運用的棋子，因此，不太容易與人建立起深厚單純的友情；甚至，本身的侵略性與得失心，也會讓人覺得他不是很好相處。他不喜歡和公私不分、抗壓性低的人一起工作。具挑戰性，而且是可能達到的目標，並與自我的利益相依存的工作，最能夠激發他的潛力。

當他有壓力時——【失去行動力】

平時最害怕與慢步調的人一起工作的他，一旦過勞疲乏時，很可能也開始散漫失神、甚至自暴自棄地不事生產。以往的自信與幹練全不見了，他認為自己是整個大環境下的犧牲者。他歸咎是人事的陰謀，或是繁瑣的例行公事……，讓原本充滿幹勁的他感到欲振乏力，只好索性放手不管。其實，當第三型人壓力太大時，偶爾放慢腳步是一件好事，只是，小心不要沉淪下去，成為只批評不行動的人才好。

第四型／個人風格者

工作中的他——【我要獨自美麗】

生性敏感的他，希望能時時忠於自我的感覺，對美麗的事物更有其獨特的鑑賞力。要他隱藏與眾不同的天賦，就像要求花朵不能綻放般地違反自然，因為，他就是要別人欣賞他不平凡的一切。

由於深受情緒的影響，他做事的方式會隨著心情不同而改變，對人的態度也是由心情來控制。當他感覺到自己被老闆重視時，便會全心投入工作，不再動腦筋想證明自己的「特殊」，因為，老闆已經給他特別的禮遇了。

團體中的他——【不能忍受被忽視】

自認與眾不同的他，不希望團體中有人比他優秀。所以，他最好選擇能單獨作業以發揮專長的工作，甚至，同部門中最好不要有性質重複的伙伴，不然，這會讓他在暗地裡相互較勁而寢食難安。他和第三型的人一樣，對工作極具熱忱，只是，他必須先把情緒安頓好後才能全力衝刺。他不是團隊的動物，所以，當團隊表現得愈突出，他會愈感到無趣。他容易將感覺與現實混為一談，尤其會將個人喜好與能力畫上等號。比方說，當他討厭某個人，便會覺得對方能力普通。

當他有壓力時——【開始注意別人】

當他覺得自身的特質與才能沒有被公司重視時，懷才不遇的苦悶，會讓他自認為是平凡世界裡的犧牲者；因為大家都不懂得欣賞有才華的人。當他失去肯定自我價值的信心時，會開始想要抓住人群的注意力。於是，以往的孤芳自賞，被主動向人示好所取代；自認與眾不同的風格，開始向大眾品味屈服。當第四型人壓力太大時，將自己的注意力從自憐轉移到別人身上是一件好事，只是，小心不要以討好別人來沖淡被拋棄感，那只會讓第四型人覺得出賣了靈魂而更加痛苦自責。

第五型／博學多聞者

工作中的他——【自動自發的苦行僧】

妳很少看到一個第五型人過度執著於物質享受，對自我空間特別重視的他，寧願犧牲享受也要保有自己的領域。他潛意識裡對別人的要求採抗拒的心態，因此，他不想被賦予權力，因為，那代表有責任要承擔。他不習慣面對大眾或是太具侵略性的人，所以，他喜歡從事幕後工作，最好能不斷地發想新點子或尋找新作法。他對有興趣的事物會主動做深度探索，最怕冗長會議與官樣報告浪費了寶貴的時間；尤其不喜歡在監控下做事，那會變得焦慮不安。

團體中的他——【神祕的獨行俠】

他傾向與同事維持單純的共事情誼，很少主動聊及私事；聯絡時也都以公事為主，難免讓人有種「摸不透」的感覺，甚至，同事們也不清楚他在忙些什麼。他的風格是「有要求才有回應」，大家若不問，他便不會說。如果同組的人想知道他的看法，那最好問一個讓他可以明確回答的問題。如果邀他參加會議，最好會前告訴他準備的方向，如此，他必能提供一些創見。他容易被他認為有趣的事物牢牢吸引住，因而忽略了與他人的互動。

當他有壓力時——【掉入思路的迷宮】

當他面臨壓力時，原本冷靜有條理的思路，會因緊張而如脫韁野馬般地狂奔亂竄，喋喋不休卻談不到重點，甚至失去方向地貿然行事。當第五型人過度鑽研於某個問題時，暫時停止思考並先做出一個結論是一件好事，只是，小心不要失去了原有的觀察力與耐心，不然，等到恢復冷靜理智時就後悔莫及了。

第六型／謹慎忠誠者

工作中的他——【先看指導原則】

當第六型人愈感到安全，他的工作表現就會愈好；明確的任務與職責，讓他清楚知道哪些界線不可以逾越；最重要的是，老闆對自己的態度如何。他會想辦法找出所有可能的線索，來判斷自己在老闆心中的地位。比方說，辦公室的安排、會議時的座位、特殊的待遇……等。當他被賦予一項緊急任務時，是他最能夠發揮潛力的時刻。因為，這樣他就沒有多餘的時間去煩惱還未發生的事情，而是把全部的心力都放在眼前的工作上。

團體中的他——【不是敵人就是朋友】

他傾向將同事歸類成兩種——敵人或朋友。不過，他並不喜歡與同一組中的同事競爭，因為，講究合作和諧的他，最希望自己能被團體中的每一個人所接受，而對手意味著是要被打倒的敵人。因此，他會不知道該以何種態度去面對每天要共事的對手。如果，是屬於部門之間的競爭，他與競爭部門的同事並不是處於共事的關係，甚至，也不常見到面，那麼，他絕對是一位能為自己的部門爭取榮耀的最佳隊員。

當他有壓力時——【成果、成果、成果】

當他面臨壓力時，原本傾向過度思考的他，開始焦慮地加班工作；因為他擔心沒有足夠的成果可展示給老闆看。所以當第六型人意識到自己著急地想完成某件工作時，不妨自我安撫一番：「不要緊張，工作進度並沒有落後，一切都在如期進行。」其實對習慣杞人憂天的第六型來說，適時地展開行動，總比枯坐著擔心突發狀況來得好，只是小心不要變成「狗急跳牆」般的盲目行動才好。

第七型／勇於嘗新者

工作中的他——【集中火力迅速做完】

他喜歡短小精悍的任務，最怕需要長期執行的工作，因為，那好像終身承諾般地令他卻步。所以，他可能一陣子不想工作，但是，興致一來，又突然火力倍增地快速解決許多公事。他是絕佳的推銷員，因為，習慣看樂觀面的他，能夠把產品的優點吹捧到極致。他希望能與同樣有熱忱與動力的伙伴一起工作，最怕碰到無趣或是反應慢的人。此外，他不喜歡過度強調主管與部屬身份的工作環境，因為，那會抹煞了團隊工作中自在輕鬆的樂趣。

團體中的他——【帶頭創新的前鋒部隊】

他非常熱衷吸取新知、並將其運用在自己的領域中，為部門帶來新的元素或視野。只是，有時候他太執著於夢想，尤其是其他團員都覺得是不可能達成的任務時，便會造成他與團隊關係的緊張。此外，他習慣一心多用，這個計畫還沒付諸實行，又想出別的新點子，這也容易讓團員對他懷有負面的印象。適時地向團員說出自己的困難或是開口請求協助，是第七型人突破自我的一大步。

當他有壓力時——【頑固又憤怒的堅持】

平常很有彈性的他，習慣以嘻笑的方式包裝對別人的批評、或美化自己的憤怒。可是，一旦他在壓力底下，他會非常堅持用自己的方式去完成任務。尤其是長期執行繁瑣的例行公事、或毫無變化的工作時，他會更加埋怨自己的創造力與活力被空洞無聊的教條體制所壓抑，他可能會變得憤世嫉俗而且好批評。其實，第七型人需要學習完成夢想的堅持與毅力，只是，小心不要好高騖遠，讓身、心、經濟能力都受到拖累。

第八型／天生領導者

工作中的他——【野心勃勃的格鬥者】

自認是強者的第八型，決不願意處於忍氣吞聲的姿態，他需要當領導者才會開心。如果他必須聽命於人，他的工作效率不僅會打折扣，還會主動掀起部門中的權力鬥爭，直到獲得掌控權為止。一向直來直往的他，覺得與同事相處都沒有問題；至於有同事無法適應他的工作風格，那是同事自己需要去調適，與他無關。他比較適合一個人開疆拓土、或是帶領隊員衝鋒陷陣的工作。他尊重能堅持自己理想的人，尤其看不起軟弱退縮的懦夫。

團體中的他——【熱愛權力的強勢人物】

他喜歡控制局面，最討厭被別人使喚，尤其必須對別人哈腰逢迎。所以每到一個新環境，會先觀察權力分配的局勢，然後想辦法讓自己成為權力的中心。他最受不了無聊的會議，覺得趕快行動賺錢才是最實際的作為。不過他非常重視與同事間的互動，因為，友誼與忠誠度是安全感的來源。他不喜歡與別人分享工作上的資源，當確保自己的權力範圍不會受到影響時，他才有可能談合作的條件。

當他有壓力時——【著急地思考著解答】

他習慣將情緒毫無掩飾、甚至加大強度地表現出來，一般人都以為他如此激動地爭辯或生氣是因為壓力太大了。其實，當第八型人承受過大的壓力時，反而會有點不知所措，會突然安靜下來，苦思該如何解決眼前的難題。當他發覺自己的能力好像已經不足以對抗困境時，會變得焦慮不安，甚至疑神疑鬼。行動派的第八型確實應該學習適時地冷靜思考，只是，當壓力一下子傾盆而來時，最好不要因為害怕躊躇而失去了原有當機立斷的勇氣。

第九型／和平嚮往者

工作中的他——【和諧氣氛最重要】

喜歡與團體同舟共濟的他，不喜歡在明爭暗鬥的環境工作；最好是有例行流程可遵循、步調慢且壓力小的工作。向來不太堅持己見的他，當然會意識到自己容易被忽略的地位，但是他本來就不想被注意，只要能擁有一個自主性高的辦公空間也就心滿意足了。不過，他隨遇而安的個性容易產生延誤工作的狀況，總以為一、兩個小問題一定有時間解決，任務遲早會完成。他是需要引導才能侃侃而談的人。

團體中的他——【好相處的溫和派】

只要團體內的氣氛和諧愉快，他就能夠安心工作；向來以別人為重的他，通常會以團體的榮耀為榮，而不去計較個人的犧牲奉獻。當團體內有紛爭時，主張和平中立的他不喜歡挑邊站，反而會忍不住替各方說話；但是，如果負責仲裁的人士並不中立時，這會讓他感到十分挫折。當大家感到慌亂時，他通常仍能沉穩地固守工作崗位，好像什麼事都沒發生一樣。

當他有壓力時——【憤憤不平的敵意】

當他感到挫折或是覺得受到巨大的壓迫時，向來最好相處的他，會變得事事猜忌而且對人處處設防。覺得別人都是小心眼、短視近利，沒有人像他這般心胸寬大能夠為大局著想。其實，相信人性本善的第九型，不妨適時地檢測人心。以避免吃虧；只是，不要把疑慮隱藏不說，那可能就會變得怨天尤人，但仍不敢採取任何行動。

潛入他的心底深處，瞭解他的脆弱，才能真正栓住他的心

第一型／理想崇高者

我說的都是對的，要是大家早點聽我的，結果一定比現在好！

他最擔心的事——【失去控制】

妳的他最害怕失去控制。在第一型人的成長過程中，通常有一位嚴厲的長者（可能是父母、或養育他的人）對他要求十分嚴格。許多第一型的人都擁有曾經發誓不再犯某個過錯的回憶。為了某個重要的原因，他被教導必須要嚴守戒律、絕對不能鬆懈。

我有個學員出身天主教家庭，她記得，從小就被父親要求她一定要常常禱告，因為，這可為全家人帶來祝福，不然，壞運氣就會找上她的家人。當上完我的課時，她淚流滿面地表示，終於可以放下這個沉重的負擔了！

他最想要的是——【變得更好】

他是一個心胸光明磊落的男人，希望能擁有君子般的氣節與修為，並期許自己能為社會做一些正面的示範，讓這個世界變得更理想。因此，對未來充滿理想的他兢兢業業地努力工作，絲毫不允許任何好逸惡勞的軟弱念頭產生。他相信自己的付出絕對能讓大家「刮目相看」，並獲得應得的回饋與尊重。這樣自律甚嚴的性格，常常讓他無法安心地享受生活，他可能捨不得吃太好或穿太好，但會堅持要吃得「正確」、穿著得體。只是，所有的標準都出自於個人的主觀認定罷了。

他的人生課題——【放鬆心情】

第一型人從小習慣壓抑自己的需要與喜好，以逃避父母的責難。他不敢去做心裡真正想做的事情，造成傾向凡事採取黑白分明的立場、與強烈不輕易妥協的主觀意見（雖然，他認為自己最客觀）。他不僅要規範自己，更想要勸導別人。但是，他畢竟不是聖人，難免會有欲望，所以，潛意識地想將自己的欲望「合理化」，甚至「神聖化」。而由於自我要求嚴格，當別人並不以他的標準行事時，他會覺得對方鬆散無能且缺乏責任感，但是，又不能失去控制地大發脾氣，所以，他會變得暗恨在心，但旁人很快就會發現他的臭臉與挑剔譏諷的言詞了。

第二型／古道熱腸者

雖然大家對我不夠關心，但是，我還是一樣愛他們。

他最擔心的事——【不被需要】

妳的他最害怕不被需要。在第二型人的成長過程中，通常是家裡幫助家務的「小管家」，或常因為做了些小服務而被父母大大的讚賞鼓勵一番，造成他以為，父母喜歡他是因為這些服務的關係，萬一沒有這些服務，可能就不被喜歡了。所以，必須主動找事情來做，尤其是那些能減輕父母的負擔、或能讓父母高興的事情。

我有個學員曾經分享他「彩衣娛親」的經驗。他從小就覺得自己是祖父母心中最重要的人，他們若失去了他，可能就會活不下去。因此，他在家裡總扮演著「頑童」角色，想盡辦法搏祖父母一笑，讓他們安享晚年。長大後仍然習慣以孩子氣的表現企圖去贏得別人的好感。上完「九型性格」的第一堂課時，他恍然大悟！原來，那個一心討祖父母歡心的「頑童」，只是他提供給祖父母的

「服務」而已，並不是真正的他。只是，這個「服務」影響了他的人生很長一段時間，甚至包括一場失敗的婚姻。

他最想要的是——【影響別人】

他是一個體貼又有愛心的男人，希望照顧好身邊的人，並且成為對別人有影響力的人物。他追求的不僅是如家人般互相依賴的親近感，同時更希望能深入別人的生活，真正成為對方的「換帖兄弟」。

最好人人都聽取他的建議，因為，他覺得自己的出發點是為對方好。只是，由於常常忽略自己的需要，潛意識裡傾向用「善意為出發點」去操縱別人聽命於他，以補償內心的不足感。所以，他常常掛在嘴邊的一句話是：「我要你這樣做，其實這都是為了你好！」

他的人生課題——【不要雞婆】

第二型人從小習慣以「服務」換取父母的愛與讚美，所以，他總是熱心過度地想要幫助別人，甚至在不知不覺中干涉了別人的生活。同時，因為某種原因，他學習到「不能為自己著想，要懂得無私奉獻。」這讓他不好意思直接開口要求，而是得透過付出、暗示、抱怨、甚至到最後採取任性高壓的方式，強勢地要求對方給他所想要的東西。

他總以為大家都依賴他，其實，他才是那個最依賴的人。因為，第二型人是靠著別人的讚美而活，從別人的感激當中，他才能找到鼓勵自己的聖人光環。

第三型／成功追求者

我太出色了，所以，大家都嫉妒我！

他最擔心的事——【失去價值】

妳的他最害怕失去價值。在第三型人的成長過程中，通常有一位對「成就」十分在意的長者（可能是父母、或養育他的人），刻意地鼓勵他要好好表現、長大後要有所作為；但同時，卻對他遭遇到的情緒問題故意視而不見，或企圖輕描淡寫。反正，沒有任何事比成功來得更重了！對他來說，「成功的人生」等於「擁有個人的價值」；一個人若沒有達到某種成功的標準，那這個人就不值得被重視。

我有個學員生長在一個兄弟姊妹都十分傑出的家庭中，造成她無論是在選擇學校、職業，甚至結婚對象，都必定以名氣、出路及財富的保障為主要考慮因素。我並非反對追求富裕穩定的生活，而是生命中還有很多與財富、名聲同等重要、也值得我們去追求的東西，例如：志趣、愛情、與真實自我的價值。

他最想要的是——【得到肯定】

他是一個積極活躍而且事業心很強的男人，但是，所有的努力只是想贏得別人的掌聲，如果，沒有人欣賞他的成功，可能會因此喪失鬥志。他希望自己是別人羨慕的焦點，最好大家都誇讚他：「你做得真好！」因為，這樣才能找到自我，覺得自己是一個有價值的人。由於他非常用心地在經營自己，外在條件其實是挺優秀的，有時候難免會讓周圍的人嫉妒的不得了！但這反而讓他更暗爽在心！

他的人生課題——【接受自己】

第三型人從小習慣以「成就」換取父母的愛與讚美，所以總是汲汲營營地追求表現。好的成績、高薪的工作、有錢有勢的伴侶……，他可過得不快樂，或每天工作時十八小時以上，但是，他一定要讓大家覺得他很有成就！傾向把自己的感覺「封箱處理」，所以，沒有時間去理會自己的心，當然，也就很難真正欣賞到自己的優點。因為，與其花時間去發掘自己，倒不如用「演的」還比較有效率，而且更令人滿意。

我的確格格不入，那是因為我和別人都不一樣！

他最擔心的事——【被人遺棄】

妳的他最害怕被拋棄。在第四型人的成長過程中，通常曾經發生過突然而且重大的人生轉變，例如：搬家、父母離婚、失去親人，或其他讓生活產生巨大改變的事件。突然失去原有生活裡的某些習慣或是事物，造成他心中一種莫名的疏離感，潛意識裡覺得人生是苦多於甜的。

此外，因為這種突然的剝奪感，讓他一直想要找回曾經失去的東西，以填補自己的不足。同時，他心中是自責的，責怪自己一定是哪裡不夠好、或被詛咒了，所以，才會失去原本美好的一切。

我有一個每次談戀愛都無疾而終的學員回憶說，她父母從弟弟出生後便不再注意她，讓她一直覺得有種被遺棄的感覺。長大後，當她開始談戀愛，被遺棄的惡夢一直揮之不去，所以，惶惶不安的她總是先提出分手，即使她非常在意對方，而對方其實也沒有做錯什麼事情。

他最想要的是——【與眾不同】

他是一個敏感多情、注重品味、希望能以美好的事物表達自我的男人。這樣的性格，多少帶有點自戀的成分。他想要知道自己是誰？那必須是一個明確有力的形象或特質，這樣，當他的情緒受到波動時，他才有安全的依靠。

因此，他習慣透過藝術創作以找到自我；或接近那些擁有他所渴望的特質的人，讓那些人來「圓滿」他。第四型人總覺得少了某樣東西，他必須去發現並擁有它。

他的人生課題——【擺脫情緒】

第四型人從小習慣以「逃走」的方式引起父母的注意或關心，所以，他習慣躲入自己的內心世界，尤其是那些讓人哭又讓人笑的情緒當中；必要時，他還會加油添醋一番，只為了讓情緒的強度強到足以讓他樂在其中的地步。

只是，第四型人有時候太專注在情緒上面。其實，情緒只是心理層面一個暫時的、有感而發的狀態，並不能真正代表我們的性格或是想法。而當他自認受到傷害時，他會馬上自我封閉，與外界保持某種距離。

第五型／博學多聞者

孤獨是我的宿命，因為，天才總是寂寞的！

他最擔心的事——【失去力量】

妳的他最害怕變得無助、失去力量。在第五型人的成長過程中，通常有一個強勢高壓、或過度關心、或依賴他的養育者，讓他不得不躲進自己的世界裡，以便擺脫對方的控制。他處心積慮地建立一座保護心房的堡壘，幾乎沒有任何人可以進入。

對他來說，外面的世界不僅可怕，而且還有很多期待與要求，這讓他難以應付。為了保有自我的空間，他選擇將自己的物質需要減到最低，也拒絕受到情緒的影響，如此，他就可以不受打擾地自給自足的生活。

我有個身為家中獨子的學員描述他的少年時期。每天放學晚餐後，他就把自己鎖在房間裡，家人來敲門，也只是探出頭敷衍兩句，有時甚至置之不理。家人都覺得他陰陽怪氣，父母更是擔心嘆息。而他根本懶得向他們解釋，他很清楚自己要什麼、不要什麼；有自己的小社交圈，在家裡話不投機的交流，在他看來只是浪費時間。

他最想要的是——【懂別人不懂的】

他是一個不善表達、喜歡思考、且嘗試以不同角度去看事情的男人。為了不受外界的打擾，傾向刻意與別人保持距離，難免給人不易親近的感覺。他認為知識就是力量，掌握第一手的資訊才有勝算的機會。所以，他總是積極吸取新知，努力蒐集完整的資料。

第五型人通常精通某一門知識或資訊，這樣他和大家相處時，不僅更有信心，也不怕自己的「底牌」被別人看穿。如果他是一位「金庸迷」，他不僅會收藏整套、甚至不同版本的金庸小說，還能對書裡的人物如數家珍，甚至連對話場景都可以倒背如流。

他的人生課題——【採取行動】

第五型人雖然從小習慣以「自我封閉」躲避父母的「糾纏」，但他在內心深處會埋怨父母，沒有給他足夠的自我空間或是適切的關心。同樣因失落而感到憤憤不平，第四型人選擇去找回失去的一切，第五型人卻是放棄與外界的連結，直接轉向內心尋求慰藉，但也因此逐漸與現實脫節。

對第五型人來說，愈不熟悉的事物會讓他愈沒有安全感，因此，容易變得凡事遲遲不肯採取行動，甚至以所謂的「慢工出細活」來自我安撫。

第六型／謹慎忠誠者

我向來忠誠待人，只是，別人都不是這樣！

他最擔心的事——【被人出賣】

妳的他最害怕被人出賣、失去支持。在第六型人的成長過程中，通常曾對自己信任的人感到失望或是受到欺騙。他的父母可能是很強勢的，也可能是比較不負責任的，才會造成他發展出第六型的人格特質——不輕易相信別人。

也有的情況是，父母或養育者要求孩子保守某個祕密，巨大的心理壓力讓孩子心生恐懼，害怕自己無法隱藏事實，因此，造成孩子容易焦慮、害怕別人也隱藏著祕密，或害怕自己也遭人背叛。

因此，成人後的第六型人，有些人會更忠誠地對待他人，希望藉此得到忠誠的回報；有些人則對別人採取懷疑與敵對的態度，目的只是想保護自己不受欺騙。

美國已故前總統尼克森就是一位不再相信任何人的第六型人者。他的一位助手回憶說，尼克森在小的時候曾被一位他非常信任的人欺騙了，而他從未克服這層障礙，因此造成他多疑的個性。

他最想要的是——【找到支持】

他是一個心思縝密、做事小心、注重責任義務的男人。為了獲得安全感與保障，他一方面積極地建立各種社會關係，一方面用心尋找一位能給他全方位建議的心靈導師。因為，對他來說，權威者的建議遠比自己心裡所想的要可靠多了。

但是，性格健康的第六型人卻懂得傾聽內在的聲音，放下恐懼、焦慮、與防禦心的限制，運用自己的智慧作自己的後盾。畢竟，有誰比自己更瞭解自己的情況與能力呢？

他的人生課題——【相信自己】

第六型人從小就害怕自己的能力不夠，達不到父母的期待或是環境的要求。可能是父母的教育方式並不是「鼓勵式」（你做得真好！再試試看！）而是「質疑式」（你覺得你做的好嗎！再試試看！）造成第六型人迫切需要別人的指導或意見。他想藉著某一種權威的體制或是信仰以證明自己的力量，一旦找到了，他會全心認同、而且忠貞地捍衛這個權威來源。

其實，只要鎮靜下來，定心思考，他會發現自己就是力量的本身！

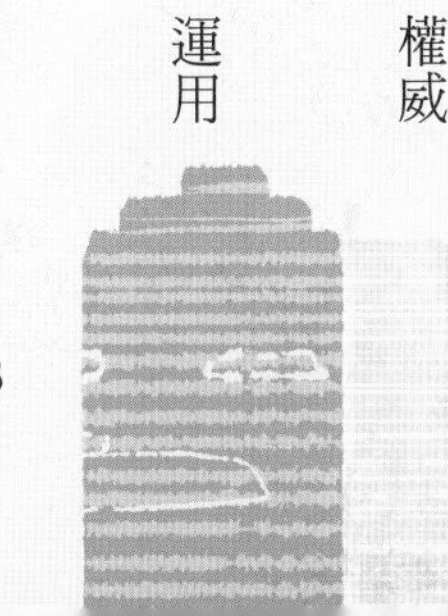

第七型／勇於嘗新者

要是我能擁有全世界，我就是最快樂的人了！

他最擔心的事——【生活灰暗平淡】

妳的他最害怕生活變得無趣，甚至被痛苦籠罩。所以，妳很少看見他苦著一張臉、或想不開地鑽牛角尖。儘管許多第七型人都自認為有個不錯的童年，但若要他深入挖掘童年的回憶，妳會發現事實並非如此。

在第七型人的成長過程中，通常曾經發生過很不愉快的經驗，讓他見識到「人情冷暖」的殘酷，覺得這個世界實在太恐怖、太不美好了。從那一刻起，第七型的人決定不要再看見世界黑暗的一面，開始一味地追求快樂的感覺。

當痛苦發生時，他傾向讓它趕緊過去，甚至乾脆忘記。但是，忽略或遺忘不愉快的情緒，並不能真正釋放痛苦，許多第七型人很容易把自己逼到崩潰的邊緣而不自知。

我的經驗是，那些表面上愈看得開的人，一旦打開心房說心事，會先大哭一場的幾乎都是第七型人。

他最想要的是——【獲得滿足】

他是一個追求變化、重視享受與樂趣的男人。這並不是說他沒有事業上的企圖心或是責任感，而是做事情的動力在於想要填補內心的空虛，他以為只要得到想要的（通常是令人愉快的享樂經驗），就會感到身心舒暢滿足。

有人說，第七型人是夢想家，我想，那是因為他可不計代價地追求想要的東西。一擲千金的瘋狂，只有第七型人能夠瀟灑做到，因為，他對尚未完成的夢想是非常執著的，對他來說，這個夢想很可能可以成就圓滿，幫助他找到人生的意義；如果不行，很快又會再去尋找另一個夢想！

他的人生課題——【三思而後行】

第七型人從小自覺沒有得到父母適度的關心，他擔心自己的一切會被別人搶走，為了自我保護，只好想辦法幫自己多爭取一些，以免陷入兩手空空的窘境。因為這樣的性格特質，造成他比較重視物質生活的條件，同時，也比較懂得去享受人生。只是，強調把握當下的他，容易變得太隨興衝動，凡事只有三分鐘熱度而不能持續投入，這樣不僅浪費身心資源，也浪費了寶貴的時間。

第八型／天生領導者

我要是稍微鬆懈下來，別人就會乘機占便宜！

他最擔心的事——【失去主控權】

妳的他最害怕失去權力或是得聽命於人，而他「鋤強扶弱」的行為，有很大的原因是想要否認自己的脆弱與柔性的一面。第八型的人通常都說自己有一個「很辛苦」的童年，為了生存，他必須與某種惡勢力奮戰。那可能是一種致命的疾病、一個老是找他麻煩的人，甚至可能是整個家庭籠罩在社會某種不公平的陰影底下，迫使他認清了「不反擊就得死。」的現實。

由於童年的慘痛經驗，讓第八型人學習到，一定要擺出最強硬的架勢，這樣才能嚇退敵人，爭取到自己想要的東西。而且，絕不能輕言放棄。因此，若這一型的人性格發展不夠健康時，容易成為所謂的「問題學生」、或帶頭興風作浪的人。

其實，真性情的第八型人是很容易受傷的，只是不想讓別人看到他的傷口罷了。

他最想要的是——【創造屬於自己的傳奇】

他是一個很有野心、投機心強、喜歡獨攬大權的男人。最令他感到驕傲的是：「我的一切都是自己一點一滴掙來的！」他習慣將身邊的人事物都看做是自己的附屬品，也因此會盡全力地保護他的財產。

他心中早已擬好一份王國的藍圖，而且王國內的任何東西都必須能反映他的能力。比方說：一家跨國的連鎖大企業、一座奢華到令人咋舌的豪宅、一個可以延續到後代的家族傳統、或只是家裡某一件足以誇耀他個人功績的擺設……反正，第八型的人就是要求大、有氣勢、被崇拜的感覺。

對他來說，在這個險惡的世界裡求生存是一件非常不容易的事情，所以，當然要格外珍惜並竭力保護自己掙來的一切，絕不能讓別人有機可乘。

他的人生課題——【控制脾氣】

第八型人是標準的「行動派」，任何事，包括感覺與情緒，他都要把它們「做出來」，而不是學習去控制或是用心去感受。在日常生活中，他傾向依直覺反應，所以，有時沒有仔細思考慮後果，常常在氣頭上就破口大罵，或做出衝動的行為，難免給人口直心快，甚至暴君的感覺。

此外，由於他的情緒都是瞬間爆發，久而久之，本身也習慣了這種強烈的方式，所以，對任何事情都追求一種「強度」的體驗，不夠刺激、不夠衝擊的事物會讓他很快就失去興趣。

第九型／嚮往和平者

我對現況已經很滿意了，大家卻還是一直要我改變！

他最擔心的事——【被排除在外】

妳的他最害怕失去與別人的連結、或被親愛的人排除在外。所以，他寧願捨棄自己的想法或喜好，只為了更容易融入別人的生活圈當中。第九型人通常生長在一個不太重視他個人意志的家庭環境中。例如：家庭成員眾多的大家庭、或有一位不讓他有自己意願的家長，甚至是父母關係不太和睦，造成第九型的小孩不敢有太多意見，以免讓這個緊張的家庭關係雪上加霜。

因此，他學會了壓抑自己的感情，不讓它有太多的起伏變化；也不敢有什麼要求，因為提出要求可能會引起被要求一方的為難或不悅；而當要求不能被滿足時，自己又會感到挫折。

只是，對一般第九型人來說，刻意淡化自己的感受，也許暫時逃離了不愉快的氣氛，但同時也變相扼殺了生活的樂趣，長期下來，容易產生與現實脫節的問題。

他最想要的是——【保持和諧幸福的感覺】

他是一個心胸寬容、穩定內斂的好好先生。嚮往一個圓滿和諧、與世無爭的境界，期待宇宙萬物能夠和平共處。很容易感到滿足，因為要求真的不多。只是，「人性本善」的理念讓他宛若是都市叢林裡的小白兔，容易被人欺負或是忽略。但是，天性樂觀的他相信「傻人有傻福」，只要安分守己地生活，一切都會否極泰來。

他愛好和平的精神，的確能為周圍的人帶來幾分寬容心，只是，當他也以同樣的灑脫態度去面對生活中必須要他來解決的問題時，周圍的人恐怕就無法和他一樣的心平氣和了。

他的人生課題──【真正活過每一天】

第九型人把大部分的力氣都花在維護內心的平靜上，常常不由自主地將自己從現實抽離到想像世界中，藉此逃離眼前讓他不舒服的一切；或將情感寄託在最關心的人身上，為對方全心奉獻，甚至乾脆「過」對方的生活，以獲得合而為一的滿足感。

其實，第九型與第八型、第一型的人一樣，都非常抗拒外來的力量。第八型人採取強硬的姿態反擊；第一型人則畫地自限；而第九型人雖然採取順應別人的方式，但委屈的情緒終究會爆發出來。

第九型人希望能和周圍的事物融為一體，所以，他傾向順應外界的壓力。同時，為了減少與別人的衝突，他開始放棄自己的欲望，因為，有欲望就有執著，欲望是戰爭的導火線。第九型的人通常很會自我安慰，認為只要能維持內心的平靜，這樣外界的事物也會跟著風平浪靜。因此，任何會破壞內心安寧的事情，都會被他刻意忽視或減低嚴重性。他習慣透過別人的生活來豐富自己；甚至，美化生活中重要的人，讓自己覺得開心幸福。

Part 3

作個懂愛的 愛情女神！

秀出你的獨特氣質，可增加你的個人魅力，

讓你走到哪裡都有吸引眾人目光的條件；

運用一些自然的力量，可提高妳的人氣指數，

讓妳有屬於妳獨特風格！

提高妳的人氣指數化被動為好人緣的開始

第一型／理想崇高者

運用工作來增加自信及獨立的能力

【妳的工作風格】

強調理性與秩序的妳，喜歡明確的行事規定與準則。最無法忍受閒散沒紀律、缺乏組織化、責任畫分不清楚的工作環境。

【適合企業文化】

適合強調品質重於一切、注重細節與清楚的工作程序、賞罰分明的人事規章、熱衷教導員工如何改善自己與如何提高工作效率、強調以正確的方式做事情的……的企業特質，最適合第一型性格的人。因此，一家穩定發展的公司；或一家生產規格化商品的公司；或一家生產創新商品但具有可預期成長的公司，都非常適合妳。

【不適合的生態】

需要時刻掌握流行趨勢並立即做出反應；或市場局勢渾沌不明，需要隨時採取對策的工作內容。

【建議職業類型】

任何妳可以獨立作業的工作，最能夠讓妳不受他人拖累、發揮「追求完美」的性格優點。例如：業務、教師、醫生等專業人士、發明家、設計師、運動員（非團隊的運動型態）……

天然的事物讓你顯得更迷人

【適合的水晶】

白水晶。天然白水晶的能量是非常穩定的，不僅可以提升靈性、還能開發潛力，使妳的心胸開朗愉快。

【適合的精油】

1. 樹脂類精油：即由灌木或喬木流出來的樹脂，包括乳香、沒藥、安息香……因為樹脂類精油具有信心、良心、成熟、效率等特質，與身心靈發展健康的第一型人的能量非常接近。若能搭配一、兩滴花朵類精油做複方使用，可讓自律甚嚴的妳，稍稍放鬆、享受一下奢華的感覺。

2. 建議使用方式：生性嚴謹的妳，可以多多從事讓身體伸展的活動，例如：瑜伽。不妨在練習瑜伽時，利用薰香的方式，藉著乳香或沒藥的靈性能量，提升妳的心靈包容力。

第二型／古道熱腸者

運用工作來增加自信及獨立的能力

【妳的工作風格】

善做人際關係的妳，喜歡有展現自己社交長才的機會。最無法忍受規定死板嚴苛、缺乏人情味、或很少與人接觸的工作環境。

【適合企業文化】

強調人性化的管理、注重人際間的溝通、以顧客與員工的滿意度為優先考慮、主動提供貼心的員工福利、公司就像員工的大家長一般和藹可親而且值得依靠……等的企業特質，最適合第二型人。因此，一家人事管理有彈性的公司；或各種以人為直接對象的服務業，都非常適合妳。

【不適合的生態】工作流程過度機械化、很少與人接觸；或必須依照規章公事公辦、很難顧及人情的工作內容。

【建議職業類型】任何能讓妳感覺到「被別人需要」的工作，最能夠讓妳廣結善緣、發揮「捨己為人」的性格優點。如教師、各種諮詢顧問、公關人員、人才招攬、服務業、宗教家、看護……

天然的事物讓你顯得更迷人

【適合的水晶】

金水晶或茶水晶。真正的金水晶極少，不妨配戴特別具靈療功效的茶水晶，以提升妳與生俱來照護人類的潛力。

【適合的精油】

1. 藥草類精油：即由整株植物或由頂端開花的部位萃取出來的精油，包括：羅勒、天竺葵、洋甘菊、馬鬱蘭、薄荷、迷迭香、鼠尾草、薰衣草、百里香……因為藥草類精油具有母性的光輝，總是張開雙臂擁抱大地萬物，與身心靈發展健康的第二型人的能量非常接近。若能搭配一、兩滴種子類精油做複方使用，可讓平時都在滿足別人需要的妳，開始學習關心自己。

2. 建議使用方式：一心為他人服務的妳，可多從事能表達自己的活動，如繪畫、寫日記。不妨滴一兩滴薰衣草，或其他藥草類精油在妳的日記本上，當妳利用日記與自己的心交流時，藥草類精油所蘊含的愛的訊息，將奇妙地滲透到妳渴望愛的心靈深處。

第三型／成功追求者

運用工作來增加自信及獨立的能力

【妳的工作風格】

適應力強、重效率又具野心的的妳，喜歡明確的獎勵制度與透明的升遷管道。最無法忍受理論重於實務、沒有競爭感，或為求品質而一再拖延進度的工作環境。

【適合企業文化】

強調在特定時間內一定要達成目標、注重成功專業的形象、以市場需要為優先考慮、特別要求活力充沛與積極進取的工作態度、通常是該產業中的「第一品牌」（例如：一講到速食，人們會馬上想到「麥當勞」）……等的企業特質，最適合第三型人。因此，一家注重市場反應、強調高產值的公司；或產品線保持單純，但行銷手法不斷翻新的公司，都非常適合妳。

【不適合的生態】

強調團隊合作、缺少個人表現的機會；或不能化繁為簡地「放諸四海皆準」，而必須耐心地依不同顧客的需要，重新調整服務的工作內容。

【建議職業類型】

任何能讓妳感覺到「像明星般耀眼」的工作，最能夠讓妳卯足全力、發揮「迷倒眾生」的性格

優點。如大眾傳播媒體、演藝事業、觀光旅遊、公共關係、演說家、政治人物……

天然的事物讓你顯得更迷人

【適合的水晶】

紫水晶。自古就被認為是一種神祕的寶石，羅馬教宗的權杖上就鑲了一顆超大的紫水晶，用以昭告世人教廷的權威與力量。

【適合的精油】

1. **花朵類精油**：從花朵萃取出來的精油，包括：茉莉、水仙、橙花、依蘭、玫瑰、晚香玉、德國洋甘菊、羅馬洋甘菊、風信子、永久花、薰衣草……因為花朵類精油具有追求精神生活的和諧氣質，非常適合需要放鬆焦慮與壓力的第三型人。若能搭配一、兩滴果實類精油做複方使用，可讓比較重視個人表現的妳，增加一些親和力與真誠的氣質。
2. **建議使用方式**：妳是所有人格類型中最適合靜坐冥想的人。建議妳每天抽出五至十分鐘的時間，先滴幾滴妳喜歡的花朵類精油在一張面紙上，深深地吸幾口精油的香氣，再將面紙放在妳的身邊，然後，開始靜坐冥想。不妨將意念放在「慈愛」等字或象徵性的畫面，更有助於開啟妳對宇宙萬物的大愛，重新界定妳對「成功者」的定義。

第四型／個人風格者

運用工作來增加自信及獨立的能力

【妳的工作風格】

內斂、充滿藝術氣息的妳，喜歡能展現個人風格的工作內容。最無法忍受制式的管理、「人人被平等對待」的工作環境。

【適合企業文化】

強調頂級精緻感的塑造、重視商品能否給顧客難忘或是與眾不同的經驗、充滿理想與熱情的企業精神、注重質感而非價格、以不同於大眾品味的風格為傲……等的企業特質，最適合第四型人。因此，一家不以市場為主要考量、能堅持產品質感的公司；或一家尊重個人差異性、懂得依員工才華來安排工作的公司，都非常適合妳。

【不適合的生態】

沒有創造性、一成不變的商品製造；或是沒有空間讓妳表現個人風格的工作內容。

【建議職業類型】

任何與創意有關的工作，能夠將妳的任性與情緒化，轉變為有用的靈感，發揮「審美專家」的

性格優點。如藝術工作者、任何型態的設計工作、鑑賞家、廣告創意、表演事業……

天然的事物讓你顯得更迷人

【適合的水晶】藍銅礦、青金石、或松石等。靛色寶石的頻率高、穿透力強，可幫助喜歡憑感覺行動的妳多一分清澈的思考力。

【適合的精油】

1. 種子類精油：從種子萃取出來的精油，包括：八角茴香、歐白芷子、胡蘿蔔種子、芫荽、肉荳蔻、歐芹子……因為種子類精油具有行動力、意志堅定、與新生的特質，非常適合愛做白日夢的第四型人。若能搭配一、兩滴樹脂類精油做複方使用，可幫助妳穩定情緒，並從夢幻中回到現實生活。
2. 建議使用方式：妳對「探索自己是誰」很有興趣，但是，比較容易沉溺在內心的幻想世界中。所以，不妨多多從事可以增加妳對自己身體感知的活動，例如：芳香按摩。

第五型／博學多聞者

運用工作來增加自信及獨立的能力

【妳的工作風格】

有洞察力、善觀察、言論火力十足的妳，希望清楚掌握公司對妳的工作期待與工作量。最無法忍受強迫性的規定、或很難自行掌控工作進度、或是不尊重個人隱私的工作環境。

【適合企業文化】

強調最hot的資訊與最in的點子、重視知識的蒐集與管理、看重理論數據勝於實際的操作程序、不輕易表露公司的立場或意見、能夠觀察到被其他公司忽略的細節……的企業特質，最適合第五型人。因此，一家盡量以中立客觀的角度推廣商品的公司；或一家推崇深度專業知識的公司，都非常適合妳。

【不適合的生態】工作步調太快以致於讓妳沒有時間靜下來思考；或偏重技術勞力而不太需要思考的工作內容。

【建議職業類型】任何讓妳必須從事思考的工作，幫助妳有效運用活躍的心智活動，發揮「打破沙鍋問到底」的性格優點。如私家偵探、徵信工作、研究調查、電腦工程師、律師、科學家、發明家、編劇作家……

天然的事物讓你顯得更迷人

【適合的水晶】藍絲水晶、台灣藍寶或藍瑪瑙等。台灣藍寶與瑪瑙是水晶家族的近親，同樣也具有能量，幫助增強溝通能力與穩定焦慮感。

【適合的精油】

1. **葉片類精油：**從葉片、枝條及莖部萃取出的精油，包括：月桂、肉桂、絲柏、尤加利、廣藿香、紫羅蘭、苦橙葉……因為葉片類精油具有振奮、充滿行動力的特質，非常適合偏重智性思考、行動力較弱的第五型人。若能搭配一、兩滴木質類精油做複方使用，可讓心思太過活躍的妳，多一分堅強、澄靜的穩定感。
2. **建議使用方式：**第五型的朋友通常都不太熱衷體能活動，建議妳先從和緩的運動開始；而運動後，給自己一個精油芳香浴，徹底解放長期累積的焦慮感。

第六型／謹慎忠誠者

運用工作來增加自信及獨立的能力

【妳的工作風格】

勤奮負責、對組織具有向心力的妳，希望能清楚地掌握自己在老闆或同事心中的地位，想知道他們是否「站在妳這邊」。最無法忍受「搞不清楚狀況」、或充滿勾心鬥角、不團結的工作環境。

【適合企業文化】

強調預防勝於事後補救、重視危機管理、嚴謹的層級畫分、注重上級權威感的塑造與擁護、強調老闆與員工之間「開誠布公」的雙向溝通、有系統地蒐集員工的背景資訊與情報……等的企業特質，最適合第六型人。因此，一家出產與權威感或安全感相關產品的公司，例如：專門出版教科書的書局、情報單位、保全公司……或一家企業立場十分鮮明而且妳也認同此立場的公司，如強調環保或女性主義……都非常適合妳。

【不適合的生態】同一部門中互相競爭；或朝令夕改的工作內容。

【建議職業類型】任何與信用、安全、可靠相關的工作，能讓妳名正言順地擔心未來、發揮「未雨綢繆」的性格優點。如保險業、投資理財經紀人、發明家（比較適合改良別人的構想）、風險管理、企畫……

天然的事物讓你顯得更迷人

【適合的水晶】綠水晶。這是「新時代」（New Age）運動者十分喜歡用的水晶之一，它的氣場比較特殊，可以為比較容易煩惱焦慮的妳，帶來快樂、喜悅以及幽默感。

【適合的精油】

1. 果實類精油：從果實萃取出的精油，包括佛手柑、葡萄柚、檸檬、香草、杜松、丁香、豆蔻、桔、橙……因為果實類精油具有專心、信心、平衡等正面的特質，非常適合需要向內開發勇氣的第六型人。若能搭配一、兩滴根部類精油做複方使用，可以讓遇事容易猶豫不決的妳，有清明的心思去考慮事情。
2. 建議使用方式：第六型的妳喜歡煩惱未來，建議妳從事一些能幫助自己專心的活動。例如：刻意排出某個週末，專心做妳喜歡做的事情；同時，為自己泡一壺香橘類的花草茶，保證憂愁跑光光，心情變得輕鬆又自在。

第七型／勇於嘗新者

運用工作來增加自信及獨立的能力

【妳的工作風格】樂觀幽默、多才多藝的妳，希望抓住潮流的脈動、不想錯過任何新奇有趣的計畫。最無法忍受枯燥無聊、瑣事不斷的工作環境。

【適合企業文化】強調天馬行空的想像力與源源不絕的創造力、重視友善樂觀的公司氣氛、盡量避免公式化的行事流程或報告、採責任制、喜歡搞創意、組織結構十分有彈性……等的企業特質，最適合第七型人。因此，一家與流行趨勢緊緊相扣的公司；一家得不斷推出新產品的公司；或一家在人事管理與專業發揮的自由度上都很高的公司，都非常適合妳。

【不適合的生態】層層管理監控；或需要細心料理或收尾的工作內容。

【建議職業類型】任何妳可自行設定進度與方式的工作，能夠讓妳輕鬆愉快地應付三教九流的人、發揮「談笑用兵」的性格優點。例如：業務推廣銷售、媒體公關、餐飲旅遊、政治、娛樂表演事業、翻譯寫作、出版……

天然的事物讓你顯得更迷人

【適合的水晶】

黃水晶。具有招財致富的奇妙能量，同時也能提升「貫徹始終」的決心與毅力。

【適合的精油】

1. 香料類精油：若是從種子或果實萃取出的香料精油，亦可被歸屬於那些類別中。包括八角茴香、黑胡椒、荳蔻、丁香、芫荽、薑、肉桂……因香料類精油具有溫暖、鼓舞、堅毅的特質，非常適合無法專心、常常體力透支的第七型性格的人。若能搭配一、兩滴葉片類精油做複方使用，可讓習慣馬不停蹄的妳，體驗三思而後行的新處世哲學。

2. 建議使用方式：第七型的妳是最需要靜心冥想的性格類型，卻也是起步最難的一群。建議妳先從5分鐘的安靜開始，不想、不做任何事；之後，再逐漸延長安靜的時間。愛吃美食的妳，不妨多嘗試香草類食物，讓妳自然地攝取香料裡蘊藏的大自然精華。

第八型／天生領導者

運用工作來增加自信及獨立的能力

【妳的工作風格】

熱愛權力、具有堅強意志力的妳，隨時都處在備戰狀態，希望有朝一日能闖出一番事業。最無法忍受天下太平、沒有挑戰的工作環境。

【適合企業文化】

強調力量與獨佔性、作風直接強硬、不畏懼挑戰既有的制度或政權、強調行動力與突破極限、具強烈野心想主導該產業的生態……等的企業特質，最適合第八型人。因此，一家經營獨占性產業的公司；或風險大、而且比一般產業更現實冷酷的商業殺戮戰場，如房地產、大傳媒體、政界……都非常適合妳。

【不適合的生態】必須聽命於人，沒有翻身帶頭的機會；或毫無挑戰性可言的工作內容。

【建議職業類型】任何妳可以根據直覺判斷與自我理念來進行的工作，能幫助妳吸引更多的追隨者、發揮「開創大局」的性格優點。如政治領袖、研發專家、軍警人員、企業家、業務銷售、經紀人、老闆、演藝事業、執法者……

天然的事物讓你顯得更迷人

【適合的水晶】

蜜蠟、琥珀、橙碧璽。具有巨大吸納功能，可幫助妳鎮靜神經、平衡過度的情緒反應。

【適合的精油】

1. **木質類精油：**從枝條、木材或木屑裡萃取出的精油，包括白樟腦、雪松、松樹、花梨木、檀香、雲杉、刺檜……因木質類精油具有溫暖、安慰、靜定、情感流露等特質，非常適合佔有欲強、不願意去感覺、情緒容易擦槍走火的第八型人。若能搭配一、兩滴藥草類精油做複方使用，可讓喜歡裝堅強的妳，增添一些溫柔的味道。

2. **建議使用方式：**第八型的朋友通常具有堅定的意志力，如果能讓心思集中，那妳的潛力是無可限量的！建議妳使用木質類精油的空氣噴霧劑，平時噴灑在妳的辦公室或是居家客廳，讓妳隨時被溫暖又堅定的能量所包圍。

第九型／嚮往和平者

運用工作來增加自信及獨立的能力

【妳的工作風格】

平易近人、配合度高的妳，最希望部門的氣氛和諧愉快。最無法忍受同事之間有衝突、讓人感到緊張不安的工作環境。

【適合企業文化】

擅長將混亂變成有秩序、重視完整規律的工作流程、強調組織地位重於個人意志、看重員工在公司的服務年資、主張資源平均分配、盡量讓每個員工的心聲都有向上傳達的管道……等的企業特質，最適合第九型人。因此，一家比較本土化的公司或政府機關，或是其營運體制與公家機關相類似的公司，都非常適合妳。

【不適合的生態】充滿競爭性、「不按牌理出牌」的同事或高壓的上司；或步調變化快速的工作內容。

【建議職業型態】任何需要與團隊合作、或與研究相關的工作，能夠讓妳自在地身處幕後，在團體中發揮「溝通協調」的性格優點。如輔導顧問、人力資源管理、心理諮商、研究人員、寫作、導遊、部門協調……

天然的事物讓你顯得更迷人

【適合的水晶】

黑水晶或紅榴石等。這類的寶石能催動海底輪（印度脈輪中的一輪）的能量，激發旺盛的生命力與肉體活力，幫助妳加強行動力。

【適合的精油】

1. **根部類精油：**從根部萃取出的精油，包薑、鳶尾草、蛇根、鬱金、岩蘭草、歐白芷……因為根部類精油具有立場堅定、充滿智慧與號召力的特質，非常適合追求人格統一、有時容易沉浸在神祕幻想世界的第九型人。若能搭配一、兩滴木質類精油做複方使用，可以讓容易順從他人意見的妳，學習堅定自己的立場。

2. **建議使用方式：**第九型人的活力感稍嫌不夠，所以，任何能開發妳自身活力的運動都很適合。不妨在衣櫃裡放置根部類精油的薰香包，這樣妳就可不費事地輕鬆提升堅持自我的力量。

抓對愛情必勝點，好EQ不怕小三來攪局

讓妳人見人愛的五個關鍵

根據「九型人格」的理論，雖然每一個人只有一個「主要人格類型」，但是，影響人格的變數其實很多，這也就是為什麼許多人在做人格測驗時，總覺得很難找到一個單一的人格類型可以囊括自己全部的特質。

雖然，每一個變數，又會因各人的成長背景與人生經驗的不同，對人格產生不同的影響，但是，只要我們能夠掌握這些變數，盡量朝正面的特質去發展，避免陷入負面的困景，這樣，至少我們呈現在外的，會是一個令人感到愉快的氣質。當面臨煩惱或挫折時，我們也比較容易以不同的角度去看待，讓自己從人格的死胡同裡脫身而出。

以下是能夠左右我們人格的五個關鍵點：

【人格類型】

妳應該多朝所屬人格類型的陽光面努力。

【渴望點】

代表妳最渴望擁有的人格特質，也就是妳很想要成為那樣的人。潛意識裡，妳會想模仿該人格類型的陽光面的特質。

【逃避點】

代表妳最害怕擁有的人格特質，也就是妳很怕成為那樣的人。所以，妳應該朝逃避點的陽光面努力；也就是吸收其人格的正面能量，以減輕負面的影響。

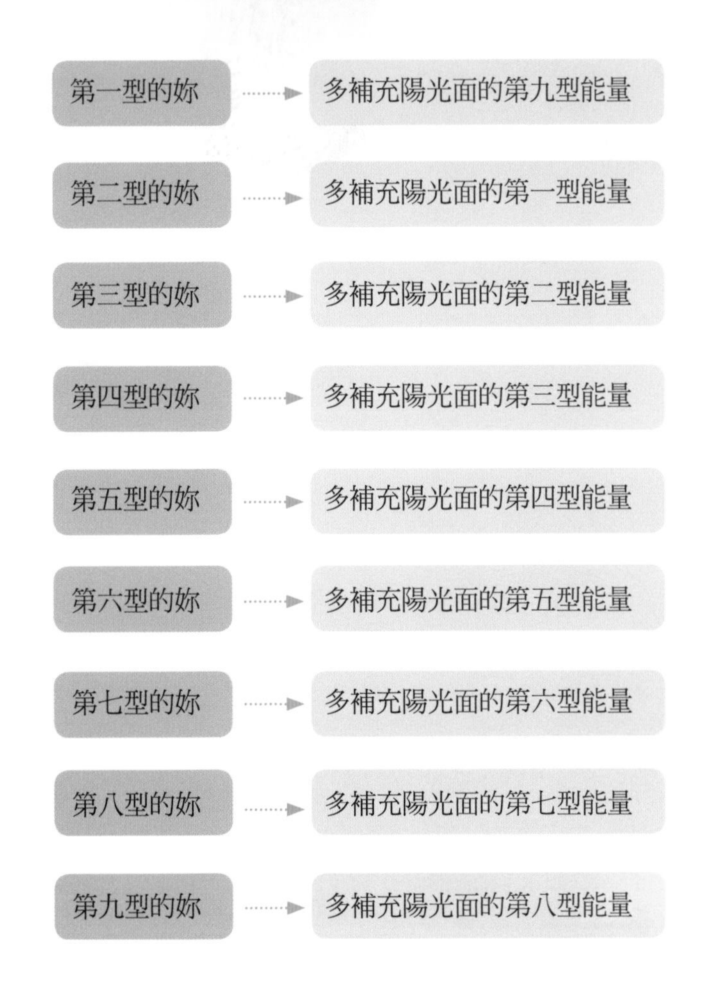

【成長點】

代表當妳的心靈逐漸成長時，妳會展現出來的人格特質。

第一型的妳	→	展現陽光面的第七型特質
第二型的妳	→	展現陽光面的第四型特質
第三型的妳	→	展現陽光面的第六型特質
第四型的妳	→	展現陽光面的第一型特質
第五型的妳	→	展現陽光面的第八型特質
第六型的妳	→	展現陽光面的第九型特質
第七型的妳	→	展現陽光面的第五型特質
第八型的妳	→	展現陽光面的第二型特質
第九型的妳	→	展現陽光面的第三型特質

【受壓點】

代表當妳承受壓力時，妳很可能會表現出來的人格特質。所以，妳應該朝受壓點的陽光面努力；也就是吸收其人格的正面力量，以減輕負面的影響。

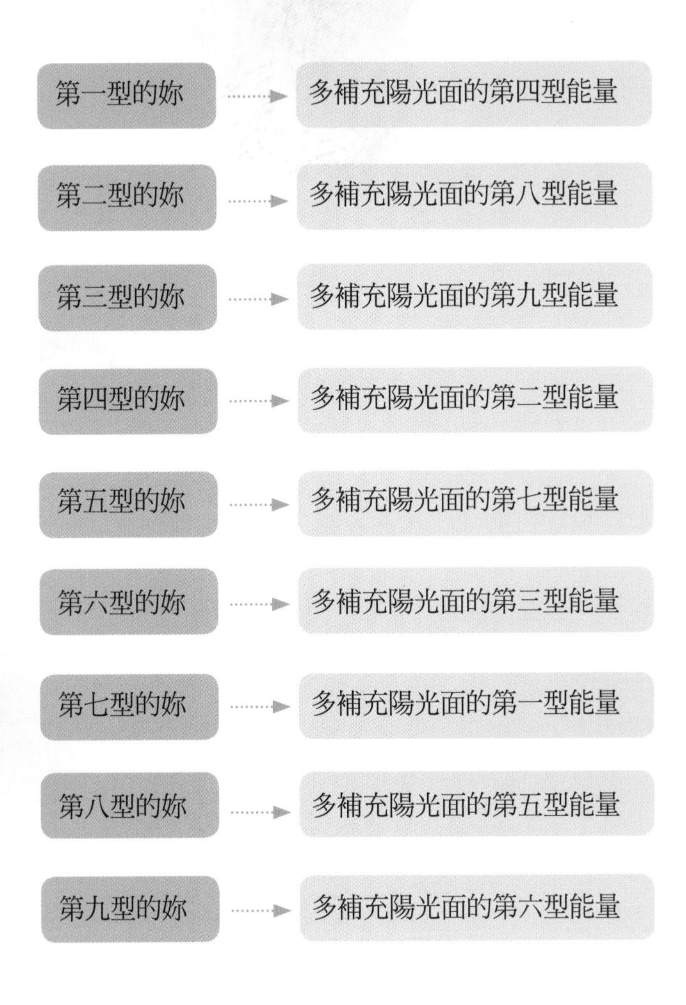

明白自己的力量，高EQ幫助自己成為受歡迎的人

現代女性已經懂得自我肯定的可貴，然而，成為一位人見人愛的女性，仍然是大部分女生的願望吧！何不做一次「心靈美容」？為自己注入新的性格能量，讓自己由內而外自然發散出性靈之美，並讓高EQ的魅力，幫助妳吸引高EQ的戀愛對象吧！

下列表格是一個為期五週的「人格能量索引表」，主要目的，是讓每一種人格類型的人，快速找到自己需要加強或補充的人格能量，幫助自己成為受歡迎的人。

當然，妳也可以每一種人格能量都去嘗試看看；或者，先從妳最喜歡的人格類型開始。畢竟，只有妳最清楚自己想要的是什麼！

◎小叮嚀

如果，妳正對自己的行事風格或思考模式感到厭倦，或希望人生能有一些好的改變，強烈建議妳從吸收性格的能量開始。妳不需要改變作息，只要從日常生活著手。

灰姑娘五週脫胎換骨心計畫，好桃花來報到

你的人格類型 / 所需性格能量 / 日期	Week 1 人格類型	Week 2 渴望點	Week 3 逃避點	Week 4 成長點	Week 5 受壓點
第一型	第一型	第二型	第九型	第七型	第四型
第二型	第二型	第三型	第一型	第四型	第八型
第三型	第三型	第四型	第二型	第六型	第九型
第四型	第四型	第五型	第三型	第一型	第二型
第五型	第五型	第六型	第四型	第八型	第七型
第六型	第六型	第七型	第五型	第九型	第三型
第七型	第七型	第八型	第六型	第五型	第一型
第八型	第八型	第九型	第七型	第二型	第五型
第九型	第九型	第一型	第八型	第三型	第六型

如何擷取九種人格的能量

現在，妳已經掌握需要的人格能量了，接下來，讓我們來看看，如何從日常生活中獲得九種人格的力量。

第一型／理想崇高者

獨特的氣質——第一型的力量

當妳希望變得獨立自主時，不妨試著培養第一型的自律、負責、誠實、公正、為理想全心奉獻不退縮的氣質，讓全世界都接收到妳發出的獨立宣言。

多吃這些食物，妳會更健康

【多吃形態上單一或本身具有濃稠汁液的食物】

第一型人講究乾淨俐落，盡量保持飲食內容的單純，也可以一餐只吃一種食物。這種十分具有健康概念的飲食方式，就非常適合既實際又有條理的第一型。但同時，還應該補充具有濃稠汁液的蔬菜，讓過度秩序化、甚至有點僵化的心思得到適當的潤滑。

【參考食物】

各式包子、餃類、粽子、漢堡、龍鬚菜、川七、山葵或濃湯類食品……

這樣打扮自己，妳會更迷人

【得體的搭配】

「不出錯」是想獲得第一型力量的穿衣原則，因此，保守傳統的風格很能傳達第一型的能量，尤其適合與人洽談公事或是出席正式的場合。整齊的髮式、乾淨的衣著，別忘了鞋子、皮包、配件等細節也應該特別注意。

【適合的顏色】

白色。把所有的光加在一起會得到純潔的白色，象徵宇宙的力量，是超越個人的靈魂而存在的。陽光面的第一型正是不計個人福祉、專注追求真善美境界的理想者。許多需要無私奉獻的職業大都穿著白色，例如：醫療業、宗教領袖……因此，當妳想專心投入某項事務、為多數人謀福利時，不妨多穿白色，讓妳自然散發出神聖無私的光芒。

嘗試這些事情，讓妳更有能量

【打開靈性成長之門】

不管是多多閱讀相關書籍、或接觸宗教或靈修團體，甚至只是在自己喜歡的廟宇或教堂裡靜靜地待一會兒都可以。讓心靈在超脫時間的無限之中，領略宇宙生成運作的祕密，是掌管第九脈輪──「宇宙大靈」的第一型人應該多多補充的力量。

【讓生活更簡單】

這裡談得不是要求妳拋棄物質或從此深居簡出，而是幫助妳稍微「修剪」一下生活。因為，太過複雜的生活只會讓我們疲於應付，哪裡還有時間談心靈成長。今天就開始訂下簡化生活的計畫表吧！可以先從分批整理家中的衣物、文件、用品等開始，凡是在過去三年中沒有穿過或用到的物品，都是妳可以考慮扔棄的對象。此外，不妨每天簡要地寫下妳想做的事情，但是，只限於那些覺得非做不可的事情。如此，不僅幫助過濾掉雜事，更能保持清明的心思。當然，如果生活中還有什麼事情讓妳覺得很麻煩，建議妳找個時間好好思考，是否該終結這個麻煩了。

欣賞藝術創作，增進美感

【適合單純卻鏗鏘有力的音樂】

例如：旋律簡單卻充滿抑揚頓挫的軍樂曲、中世紀僧侶吟唱的詠神樂章……此外，由可愛的貓咪聲音哼唱的聖誕歌、或「桂河大橋」那樣的口哨進行曲，都展現出第一型善於化繁為簡、推崇真理的特質。

【適合充滿宗教意涵的藝術創作】

例如：敦煌的壁畫與雕塑、義大利文藝復興時期的繪畫……尤其是米開朗基羅的作品，可以讓妳感受到第一型既要求嚴謹的理論規範、又要求崇高的聖潔光環。

第二型／古道熱腸者

獨特的氣質──第二型的力量

當妳想要給別人很有愛心的感覺時，不妨試著培養第二型的慷慨、體貼、活潑、慈悲、溝通能力強、能感同身受地支持別人的胸懷，讓周圍的人都能夠沐浴在妳溫暖的愛心當中。

多吃這些食物，妳會更健康

【多吃天然或本身具有療效的食物】

第二型人具有關懷別人的熱忱，因此，素食或特別的飲食療法就非常適合一心為他人付出、卻常常忘了照顧自己的第二型。多吃蔬菜或是利用中藥食補，也可以達到以自然的方式修補身體的目的。

【參考食物】

各式蔬菜、養生食品（山藥、牛蒡、紅棗……）、蔥蒜薑等殺菌力強的香料……

這樣打扮自己，妳會更迷人

【流行的搭配】

「希望讓別人喜歡」是第二型打扮自己的動力，因此，亮眼但是又不喧嘩的風格，很能傳達第二型「想吸引人注意、又不想美得具威脅性」的心態。當然，我並不鼓勵盲目地追求流行，還是要依照自己的體型選擇適合的款式；或也可以考慮以具有流行感的配件來妝點自己。例如：髮飾、皮包配件、鞋子、圍巾、首飾……別忘了，化個淡妝，會讓妳看起來氣色更好。

【適合的顏色】

金色。世人多認為金色是權勢財富的象徵，殊不知金色也是佛教的顏色，代表多世累積而來的智慧，象徵與造物者合為一體的神聖之源。因此，多多配戴金色的首飾，可以增強第二型對個人心靈智慧的重視與啟悟。

嘗試這些事情，讓妳更有能量

【多愛自己一點】

在替別人設想時，請先考慮自己的需要；決定對別人付出之後，就請不要抱怨。否則，一邊做一邊埋怨，真的是傷身又傷心。建議第二型多寵愛自己一點，偶爾也要顧慮到自己身心的負荷。重視自己的感受，是掌管第八脈輪——「個人靈魂」的第二型性格特別需要的力量。

【當別人的小天使】

這是一個「為善不欲人知」的好遊戲，可培養我們無私奉獻的精神，也造就一個充滿愛心的世界。列出妳周圍重要的人，然後仔細思考：「什麼是他們最需要的？而我可以為他們做些什麼？」接著，妳可以一個禮拜鎖定一個目標，暗地裡幫他做一件事情。當然，妳也可以留下一點線索，告訴他妳是他的「小天使」，讓他體驗到充滿驚喜又溫暖的善意。一個星期一件好事，甚至一天一件好事，把愛傳出去，從認識的人到不認識的人，相信這一份愛意終有一天必會回歸到妳的身上。

欣賞藝術創作，增進美感

【第二型的音樂當然非情歌莫屬】

第二型完全付出自己，就是希望換得別人的愛與關懷。所以，不管是纏綿悱惻的情歌，或是熱情動人的求愛樂章，只要能激起心中濃濃的情意，就符合第二型對親密關係渴求的風格。

【適合具有甜美或是羅曼蒂克氣氛的藝術創作】

如雷諾瓦、夏卡爾……等人的畫作。尤其是雕塑家羅丹的作品，有不少是他滿懷情意地為眾女友塑像，可以讓妳感受到第二型對情人的專注與熱情。

第三型／成功追求者

獨特的氣質——第三型的力量

當妳希望能夠有出色的表現時，不妨試著培養第三型的自信、樂觀、熱忱、能幹、精明、效率高、適應力強，充滿鬥志地往目標前進的特質，讓大家都對妳刮目相看。

多吃這些食物，妳會更健康

【多吃外觀漂亮的食物】

第三型人最注重形象，因此，一些看起來好吃又受大眾歡迎的食物、或包裝精美的零食，都很符合第三型人講究包裝與第一印象的特質。當然，一些顏色鮮豔的水果或蔬菜、或花朵類的菜餚也是很不錯的選擇。

【參考食物】

巧克力、洋芋片、各式蛋糕甜點、香蕉、鳳梨、茄子、金針花、石蓮花……

這樣打扮自己，妳會更迷人

【名牌的搭配】

第三型人通常是名牌的擁護者。因此，只要把家裡最貴的行頭都穿在身上，讓別人一看就知道妳很有錢，這樣，妳就已經躋身第三型的「上流生活圈」了。

【適合的顏色】

紫色。紫色是貴族的顏色；若從心靈修習的角度來看，紫色代表純淨的能量，象徵進入上天之門，可扭轉我們未來各次輪迴的命運。如果，妳想立刻引起注意，那麼，亮眼又不失優雅的紫色絕對能助妳一臂之力。

嘗試這些事情，讓妳更有能量

【學習欣賞真正的自己】

每一個人都應該喜歡自己，這個自己，絕不是別人眼中的妳，而是本來的妳。聽起來很玄，但其實再簡單不過了，就是那些「自己原本有的、而不是外界附加的」特質。例如：自己最喜歡做的事情、最拿手的才藝、最有魅力的地方……接受真正的自己，這樣妳才會遇見真心愛妳的人。

【重新定義妳的價值觀】

讓我們來設想一個最壞的情況：如果，妳的生命只剩下一年，妳還會忙碌於眼前的工作嗎？如果答案是「不」，那麼，妳的心裡可能已經浮現出那些妳一直想做、卻遲遲未開始的事情；或有些話想告訴某個人卻始終找不到機會開口。好了，現在是時候了。寫下妳覺得此生不做會後悔的事情或願望，然後，從小的願望開始，一一去完成它。當妳完成的事情愈多，妳會發現自己活得愈踏實。也許，銀行的存款變少了，工作職位變低了，但是對生命的熱情絕對會向上沸騰。在古希臘，當有人過世時，大家追憶的重點不在這個人一生累積了多少財富，而是：「這個人的一生有沒有熱情？」

欣賞藝術創作，增進美感

【需要高超演奏技巧的音樂】

最能表達第三型凡事追求極致的必勝決心。別以為喜歡金錢的第三型沒有品味，其實，喜歡跟菁英人士來往的他們，也耳濡目染地培養出不錯的鑑賞力。

【適合對英雄人物歌功頌德或描繪皇室生活的藝術創作】

如十七世紀的西班牙宮廷畫師——委拉斯蓋茲、專為有錢人畫像的法蘭德斯畫家——范戴克……等人的畫作。尤其是十九世紀法國畫家——大衛，為拿破崙所繪的一系列充滿英雄氣慨的傳神肖像，可以讓妳感受到第三型對成功者的敬仰與推崇。

第四型／個人風格者

獨特的氣質——第四型的力量

當妳希望對自我有更多的認識與堅持時，不妨試著培養第四型的敏感、真誠、迷人、不虛偽、有洞察力、充滿同情心，追求美的事物、並努力表達真實自我的特質，讓自己像個藝術家一般自由而大膽。

多吃這些食物，妳會更健康

【多吃口味層次豐富的食物】

這種食物通常需要花費較長的時間準備與烹飪，注重調味，口感也比較精緻；同時，用餐時的氣氛要特別地講究。不管是走優雅風格或是海派路線，總之，氣氛、地點、食材、甚至餐友的搭配都十分重要。特別挪出一個時間，好好吃一頓大餐，享受五感俱全的身心靈饗宴，是容易被感動的第四型的特權。

【參考食物】

各國代表料理，例如：法國菜、日式居酒屋、泰式料理……

這樣打扮自己，妳會更迷人

【獨特的搭配】

「有個人特色」是第四型的中心指標，所以，只要想辦法和別人的風格不一樣，妳就展現了第四型的力量。妳可利用服飾、髮型、肢體動作……來凸顯妳獨特又迷人的地方。

【適合的顏色】

靛色。古代日本皇室多以靛色來印染皇室的衣袍。因此，靛色不僅是尊貴與權力的象徵，也是所謂「第三隻眼」的力量來源，照亮自我開悟的道路。如果，妳一直在追尋真正的自我但又無法超越身體與心理的限制；或想增加直覺性與心靈感應，多採用靛色，它能幫助妳在靈光乍現中，一窺生命本身的奧祕。

嘗試這些事情，讓妳更有能量

【多多接觸藝術】

選擇一門妳喜歡的藝術，然後，由淺入深地進入其中，甚至嘗試利用這門藝術來表達妳對人生、某件事、或某個人的感受。當然，妳也可以廣泛地親近藝術。聆聽音樂會、參觀藝廊或美術館、加入相關課程活動、閱讀藝文書籍……都是一個好的開始。

【設計妳的獨門禮物】

除了以衣著言行展現妳的風格外，妳送的禮物也能傳達獨特的品味。想要送一份與眾不同的禮物，當然得靠自己設計了。以我個人來說，我最近迷上以小相框或吊掛的名牌，放進具有特殊意義的相片或是語錄小卡，送給我的姊妹聚會成員們做紀念。她們可以放在書桌上或電腦旁，當工作疲累時，就會想起還有一群關心自己的人在幫忙加油打氣。妳也可以動動腦筋設計妳的「獨門禮物」。下次看到讓妳覺得滿意的禮物時，不妨多買幾份，統一加上一張自創的簽名卡片、或是綁上一條非常少見又漂亮的緞帶。以後每當有朋友過生日時，妳就不必再傷腦筋，可以優雅從容地將這一份具有「個人印記」的禮物送出手了。

欣賞藝術創作，增進美感

【輕柔飄渺的音樂】

例如：「新世紀」的音樂、禪坐音樂……等強調放鬆身心的樂曲，都很適合嚮往純真無偽的第四型。單純且趣味盎然的童謠也是一個不錯的選擇。

【適合能夠激起強烈的情緒及感受的藝術創作】

如熱烈追求激情的十九世紀法國畫家——德拉克洛瓦、一心傳達備受折磨的內心世界的挪威畫家——孟克……等人的畫作。尤其是在神話與現實中掙扎的梵谷，一直藉著無法抑止的激情在進行創作，他壓抑卻又咄咄逼人的旋風式線條，能讓妳感受到第四型被情緒掌握的激情與苦惱，以及願意以生命去冒險的執著。

第五型／博學多聞者

獨特的氣質——第五型的力量

當妳希望能專注於學識的追求、且更具知性美時，不妨試著培養第五型的聰明、專注、好奇、幽默、善觀察、喜歡思、，邏輯分析能力超強的愛智者的風範。讓自己浸淫在真理與創見的薰陶下，妳的視野將會更開闊。

多吃這些食物，妳會更健康

【紮實單純的食物】

不需要費心費時烹調、而且一看就讓人覺得吃得飽、很有滿足感的食物。如台灣的客家菜餚、法國麵包……都是份量足夠、就算單吃也可以飽腹的食物，讓第五型有更多的時間去做想做的事情。別忘了多補充葉菜類。

【參考食物】

樸實無華的家鄉料理；米、麥製品。

這樣打扮自己，妳會更迷人

【有質感的搭配】

「重質不重量」最適合第五型不求多的性格特質。第五型對生活用品其實欲望不高，建議衣服的件數不需要太多，但衣料與手工必須耐得起長期穿著。因此，購買前後要稍微研究一下品牌的信譽以及清潔處理的方式。此外，簡單俐落也是第五型的特色。

【適合的顏色】

藍色。藍色除了是天空和大海的顏色外，瀰漫在天地之間的清晨薄霧也帶著淡淡的藍。如果說，大自然是綠色的，那麼，用藍色代表世界也就不為過了。的確，在九個脈輪中，藍色的脈輪象

徵我們想向世界確認自己的身份與角色；也就是我們不再以種族或國家來定位自己，而是自視為地球的公民，培養出全方位的宇宙觀。因此，當妳想傳播某個觀念、或想傳達「有無限可能」的訊息時，不妨多用藍色。

嘗試這些事情，讓妳更有能量

【多多吸收新知】

養成逛書店、到圖書館借書、或是上網瀏覽的習慣；定期閱讀一本好書、訂閱有趣的電子報、或是自行設定一個主題後做深入的研究……都是自我充實的好方法，也是求知若渴的第五型最喜歡做的事情。

【一個人去探險】

享受孤獨是第五型熱愛的休閒活動，但我覺得每一種性格者都應該多多嘗試。陪自己專心去做一件事情，是找回自我的第一步。我本身並不喜歡單獨行動，但卻漸漸愛上這種「偶爾一個人去探險」的感覺。我平日喜歡閱讀旅遊書籍或是報紙上的旅遊版，發現有想去的地方，就把相關資料以剪貼或記錄的方式保留在我的筆記簿中。每隔一段時間，我會挑一個想去的地方，然後開始安排行程。這是屬於我一個人的假期，讓我在計畫的時候特別自由而且興奮。我知道，單獨旅行對女生來說不太容易，因為要考慮到安全與交通的問題。不妨先從簡短的半日或一日遊開始，多日的假期則盡量選擇熱鬧的地點比較好。還有，可能的話，請以接近大自然的活動為主。

欣賞藝術創作，增進美感

【精心編排的音樂】

例如：古典音樂、傳統歌劇、舞台劇……都能表現出第五型兼具創意與深度、強調慢工出細活的特質。

【適合具有抽象意涵、有實驗精神、或探索人性的黑暗與荒謬面的藝術創作】

如以康丁斯基、蒙德里安、克利…等為主的抽象繪畫、秀拉的「點描法」、羅特列克的紅磨坊與馬戲團的繪畫……尤其以基里訶、卡拉等人的形而上繪畫，多表現憂鬱、幻想與神祕的世界，將第五型內心深處如夢魘般的不安，完全宣洩出來。

第六型／謹慎忠誠者

獨特的氣質——第六型的力量

當妳希望給別人值得信賴的感覺時，不妨試著培養第六型的忠誠、負責、好客、熱忱、守法、重義務、認真工作、對自己認定的團體或信仰忠心不二的特質，讓妳能夠很快地融入團隊當中，而且更具有親和力。

多吃這些食物，妳會更健康

【忠於原味的食物】

這裡指的是不需要特別加工處理、並盡量減少烹調手續的料理，重視食材本身的新鮮度與自然甜美的原味。此外，也請多多攝取具有充沛資源與能量的果實類食物，以提升第六型穩固的安全感。

【參考食物】

生菜、生魚片、涼拌豆腐、川燙肉片配上沾醬……各類核果、水果……

這樣打扮自己，妳會更迷人

【自然舒適的搭配】

「平易近人」是第六型的風格，所以，請盡量穿著讓自己感到自在的服飾，尤其是棉麻類製品最為適合，不僅自己穿起來輕鬆舒服，也給別人安閒愜意的感覺，並能稍稍減少第六型帶來的焦慮氣氛。

【適合的顏色】

綠色。綠色是大自然的顏色，不僅給人安心放鬆的感覺，也具有自給自足、欣欣向榮的意涵。對第六型人來說，「相信自己的力量」是最重要的核心概念，而象徵「成長」的綠色，正能夠幫助第六型愛惜自我、並且勇敢地堅持夢想。當妳想傳達對宇宙萬物的大愛時，不妨多用綠色。

嘗試這些事情，讓妳更有能量

【結識新朋友】

在充滿不安全感的社會現況下，大家的生活圈通常不太容易寬廣。除了學校、工作上的朋友，我們很難得有機會去認識素昧平生的人，不僅錯過了許多有趣的人生體驗，也容易造成刻板的世界觀。建議把心胸打開，主動與陌生人搭起友誼的橋樑，看看有沒有什麼意想不到的收穫。下次當妳在咖啡館小待片刻時，不妨與鄰桌的人攀談幾句，也許，一扇新的人生之窗就此打開。當然，報名參加某些課程、或加入社團，也是不錯的方式。

【打造夢想的藍圖】

人類因夢想而偉大！看看古今中外那些認真活出生命意義的人，幾乎都是願意為夢想努力的人。由此可見，懷抱夢想不僅是自我實現的開始，更是生命的動力。當然，並不是每個人都能幸運地用一生去實踐夢想，很多人計畫等到退休後、或是自認對家庭的責任已了時，才開始築夢的旅程。但是，首先，我們得先為那神聖的一刻做好準備。以我個人來說，我最大的夢想是，在一處風景優美、交通方便、又能親近自然的地方，成立心中理想的靈修教室。在那裡，對自我探索有興趣的朋友，可以接觸各式修養身心靈的課程，同時互相切磋扶持。因此，我把這個夢想藍圖先築在一本大的剪貼簿上，清楚地釐清靈修教室的任務、規畫各種硬體及軟體的設施以及相關的要求。我還會剪下理想情境的照片貼在本子裡，讓自己有更具體的畫面可以觀想。我不知道實現夢想的機緣何時會來，但是，我得先做好準備。想想看，如何才能實現妳這一生最大的夢想，然後把它清楚地記錄下來；用心、用圖、用文字、用聲音，等到時機成熟，妳的美夢必然成真！

欣賞藝術創作，增進美感

【節奏感強烈的音樂】

如非洲土著、塞爾特、原始部落……等各民族的傳統音樂，都能表現出強調歸屬感的第六型真誠動人的一面。

【適合爐火純青的工藝技術、描繪弱勢團體的的藝術創作，與善於在某項技術領域精益求精、並傾向同情弱者】

如各式毫雕作品、工筆畫、中國花鳥畫、寫實派畫家……尤其是法國近代繪畫史上最受人民愛戴的畫家——米勒，他對大地充滿了愛，並以最平實的農人身影入畫，他的名作「拾穗」正表達了第六型平實認真的風格。

第七型／勇於嘗新者

獨特的氣質——第七型的力量

當妳希望展現自信與迷倒眾生的魅力時，不妨試著培養第七型的開朗、樂觀、外向、幽默、多才多藝、有鑑賞力與想像力、能夠帶給別人歡樂與希望的夢想家的特質，讓妳輕鬆地擄獲得全場的注意力。

多吃這些食物，妳會更健康

【派對食物】

凡是食物本身象徵著玩樂奢華的意味、或是進食的方式與氣氛熱鬧有趣……等，都是第七型的代表食物；此外，雞尾酒、魚子醬……等派對上常見的食物也包括在內。第七型喜歡熱鬧，和朋友大啖美食並天南地北地閒扯，通常都是第七型的風格。此外，辛香口味重的料理也很適合。

【參考食物】

冰淇淋、葡萄酒、各式下酒小菜……異國風味濃厚的料理、ＢＢＱ……

這樣打扮自己，妳會更迷人

【具舞台效果的搭配】

「勇敢秀出自己」是第七型的風格。所以，不要害羞，只要是能夠吸引別人的目光，同時，又能傳達個人特色或理念的衣服，就具有第七型的能量。

【適合的顏色】

黃色。黃色是最搶眼的顏色，就算在一片鮮豔的色海當中亦能脫穎而出。黃色也充滿活力俏皮的感覺，與第七型總是樂天地向夢想前進的特質十分接近。經由黃色的力量，妳可以藉著積極的想像，加速將夢想轉化成實際的成果。

嘗試這些事情，讓妳更有能量

【樂觀一點】

尤其當妳身陷無法改變外在人事物的困境時，不如，就改變自己的心態吧！換個角度想，或隔一段時間再來檢視這個困境，妳通常會發現：「其實問題沒有那麼嚴重啦，還有很多別的選擇。」第七型的人很少在困境中掙扎，因為，他們總能發現一條路來走；即使困難重重，他們也會吹著口哨前進。

【大膽享受生活出軌的樂趣】

第七型天馬行空的想像力，是他們能夠遊戲人生、充滿靈感的活力來源。想要擁有第七型樂觀的態度，請先保持一顆開放的心靈，並懂得欣賞生活中各種大小樂趣。因生活中的例行公事往往扼殺了我們體驗玩樂的機會，所以，讓自己偶爾也放縱一下，給生活一些驚喜。下班後不要急著趕公車回家，而是走一小段路，展開小小的城市探險。也許妳會發現一家有趣的小店或是一座小公園，讓妳日後覺得有壓力時，可以前往放鬆的心靈綠洲。

欣賞藝術創作，增進美感

【適合流行的音樂，尤其能夠讓人吶喊發洩、或詼諧有趣的歌曲】

如重金屬搖滾樂、Rap/Hip-hop……

【即時創作的藝術表演、或強調自由風格的藝術創作，都代表妳不喜受拘束的桀傲氣質】

如行動畫派、街頭藝術表演、脫口秀……尤其是美國的抽象表現主義畫家——波拉克，他把畫布攤展在地上，任由沾著顏料的木枝在畫布上甩動，完全憑著對作品的感覺與熱情來作畫。

第八型／天生領導者

獨特的氣質——第八型的力量

當妳希望表現力量時，不妨試著培養第八型的強悍、自信、直接、有遠見、意志力堅定、追求公平正義並勇於保護弱小的特質，讓敵人知道妳可不是好欺負的弱者。

多吃這些食物，妳會更健康

【增強精力的食物】

凡是能夠補充體力或是刺激性十足的食物，都能夠代表第八型強調實力、推崇「數大便是美」的能量。此外，強調食補的中藥材也很適合。

【參考食物】

依時節進補的料理、強調功能性的補品、生蠔、提神飲料……

這樣打扮自己，妳會更迷人

【沉穩的搭配】

「架勢十足」是想獲得第八型力量的穿衣原則。所以，能夠凸顯個人氣勢、但是剪裁設計盡量光華內蘊的服飾；穿起來自由、但是站在眾人面前能夠散發穩重氣質的穿著，就具有第八型的能量。

【適合的顏色】

橙色。象徵團隊力量的橙色，是喜歡身為領導者的第八型最需要的力量，因為，沒有臣子的國王，是無法實現任何理想的。如果妳想傳達與大家站在同一陣線的合群訊息，不妨多用橙色。

嘗試這些事情，讓妳更有能量

【難得瘋狂一下】

妳所做過最瘋狂的事情是什麼？相信妳的腦子裡一定還藏有許多沒有膽子去做的事情。只要不會傷害到別人的自由與權利，不妨挑一個難度較低的瘋狂念頭，然後毫不考慮地去完成它。之後，觀察自己是不是變得比較勇敢了呢？第八型的人雖然容易憑直覺行事，但是，通常能夠堅持到底，因此也比較會成功。

【培養心靈的戰鬥能力】

第八型是力量的擁護者，喜歡展現自身強大的能力與勢力範圍，藉以嚇退敵人。只是，我並不鼓勵「以暴制暴」的文化，反而覺得太極拳中「化開對方的力量」的特性，十分適合現代女性在處理人際衝突時的參考。當面臨讓妳不愉快的情況時，不一定要強出頭與別人爭個妳死我活，有時「轉身走開」才是修養高段且更具力量的表現，也是化解內心憤慨的一個轉機。妳必須清楚地分辨，自己的走開並非怯懦，而聰明地避開不必要的衝突，且藉以顯示妳高尚寬容的胸懷，不與心胸狹小的人一般見識。

欣賞藝術創作，增進美感

【適合有強烈中心精神的音樂】

如最能鼓舞人心的戰地歌曲、令人感傷落淚的追念亡者的樂章、強調立國精神的國歌……都能表現出第八型喜歡誇大感受的作風。

【適合巴洛克風格的藝術創作；強調洗鍊的技術與雄偉的構圖，用色富麗堂皇且霸氣十足，給人誇張感】

如強調人物豐滿壯碩、明暗對比強烈、線條極盡曲折……的繪畫或雕塑。尤其是法國路易十四所建築的凡爾賽宮，注重建築物四周景觀的搭配，裝飾性的雕刻四處可見，成為日後強者炫耀財富與權勢的象徵建物。

第九型／嚮往和平者者

獨特的氣質——第九型的力量

當妳想要與別人相處和諧愉快時，不妨試著培養第九型的溫和、包容、謙虛、親切、穩定、有耐心、恬淡自得的氣質，讓對方更能直接地接收到妳發出的友好訊息。

多吃這些食物，妳會更健康

【多吃液體或根部類的食物】

第九型性格與水的特質十分接近，具有包容萬事萬物的胸襟與彈性；但同時，應該還要補充根部類的食物，以堅定自己的立場，避免隨波逐流失去自我。

【參考食物】

粥、湯品、各種飲品；番薯、馬鈴薯、蘿蔔……

這樣打扮自己，妳會更迷人

【統一的搭配】

「整體感」是第九型的風格，不論是在顏色、材質、樣式……等的協調都可以，盡量避免互補色或是剪裁標新立異的服飾。

【適合的顏色】

紅色。陽光面的第九型應該是充滿生命力與行動力的，看淡名利，但凡事依然全力以赴，決不會因為嚮往和平而不採取積極的作為。此外，有心想要追求愛情的妳，多穿些紅色、粉紅、桃紅色的衣服，絕對能夠增強對方羅曼蒂克的衝動與嚮往。

嘗試這些事情，讓妳更有能量

【多多親近大自然】

不管是利用假日走一趟郊外、或是飯後在公園散步、甚至只是在自家陽台觀星賞月都可以。大自然的氣息是所有生命能量的源頭，也是掌管海底輪的第九型性格應該多多補充的力量。

【為自己創造一個特殊的儀式】

經由每天固定做某些動作，可以幫助妳達到放鬆心情的目的。比方說，我習慣每天晚上沐浴後，為自己準備一杯熱花茶（由於時間寶貴，我通常會使用茶包），然後在慵懶的爵士樂女聲中，選擇喜歡的香味進行簡單的精油按摩。其實，這是每個女生沐浴後都會進行的工作，只是，我加了一點自己的喜好罷了。也許有點小費周章，但是，卻能帶給我一夜好眠。我有一位美國籍的「九型性格」老師，她每天早上起床的第一件事情就是靜坐；另一位老師則是每天清晨一定要外出散步，風雨無阻。也許，妳也可以為自己創造一個簡單的儀式，一天一次，或是一個禮拜一次，讓自己從片刻中獲得身心安頓的寧靜。

欣賞藝術創作，增進美感

【適合能讓妳感受到自然和諧的音樂】

如關於大自然蟲鳴鳥叫或是海浪聲的音樂、多種樂器合奏的音樂……大提琴家馬友友的音樂，就可以讓妳感受到第九型不斷在尋求跨越多文化界線的內涵。

【適合能讓妳身心放鬆的藝術作品】

如中國的山水畫、西洋風景畫、太極……十七世紀荷蘭畫家維梅爾（Vermeer）的作品，質樸無華，自在地將一片寧靜潛入畫中，特別讓人感到恬靜而迷人。

Part 4

人生不一定美滿，但一定要讓它幸福！

生命裡不一定是一帆風順，同樣地愛情也是！

能夠攜手白頭到老，需要靠的是智慧。

遇到困境時，我們不一定能改變對方，但我們一定能改變自己。

公主與王子該如何過著幸福快樂的日子？

許多研究親密關係的心理學者都提出過相同的觀點：「我們心中對理想對象的描繪，其實是根據成長過程中影響我們至深的異性而來的。」所以，有些女生喜歡找「像父親那樣內斂體貼的男人」，或「絕對不要像父親那樣不解風情的男人」。

每一個人都知道自己「喜歡什麼型」或「不喜歡什麼型」，其實，人與人之間是否合得來，絕大部分的原因都是個人的偏見在作怪。而產生這些偏見的原因，則是因為在我們的成長過程中，某些人的某些作為，在我們的心裡留下了巨大的影響，造成我們跟某種人比較「談得來」，跟某種人

根本「不對盤」。

而根據「九型人格」的理論，我們可以透過瞭解彼此的性格，找到雙方的偏見所在，如此，讓兩個人在相愛的基礎上，共同努力去練習一些相處的技巧，並將磨合期產生的衝突與痛苦減到最低；更完美的是，消弭彼此的偏見，一起達到心靈的成長！

下列是針對不同人格類型的人，在親密相處方面的一些建議。為了避免重複，每一種類型與某另一類型的關係只描述一次。例如：在「第一型」的單元中提過【第一型與第二型】的相處之道；因此，在「第二型」的單元中則不再贅述【第二型與第一型】的相處之道。

給第一型／放輕鬆，愛情不需要打分數！

- 第一型的男生最常選擇第二型的女生。
- 第一型的女生最常選擇第九型的男生。

【第一型與第一型——互相砥礪的一對】

革命讓我們越愛越美麗

這一對是相互砥礪、願意為美好生活共同奮鬥的戀人，但是配對成功的指數卻不高。這一組戀人常常抱怨另一半太愛批評。同時，吵架時兩個人都擅長冷戰；彼此都認定自己的作法比對方好，但又希望對方能表現更出色。如此過度緊繃的情緒讓戀情發展困難。

不過，這一組戀人可透過共同的計畫，讓兩人有「並肩作戰」的革命情感，因為，彼此都欣賞對方堅守承諾與對家庭付出的實際努力。

此外，坦白自我立場的爭吵，對這一組戀人有正面的意義。因為，憤怒的情緒可正大光明地發洩出來，誠實的告白更有助於彼此的瞭解。第一型的人希望另一半對自己誠實，包括表現憤怒的情緒。因為第一型認為，要是你仍和他保持某種距離感，你是不會輕易在他的面前生氣的。

只是，當某一方忙於自己或家庭之外的活動時，另一方可能會覺得自己承擔過多的工作而感到不公平。所以，這一組的戀人最好能將兩人世界中的責任義務分工清楚，如此，絕對有助於戀情的正面發展。

【第一型與第二型——互補的一對】

圓滿生命的缺角

這一對是因性格上互補而產生吸引力的戀人；尤其當男生是第一型，女生是第二型時，配對的指數相當高。

第一型的人內斂嚴謹，需要個性溫暖、善體人意的第二型為他帶來歡笑、幫助他放鬆；同時，第二型的社交魅力可讓第一型省去和別人打交道的麻煩、甚至幫他緩和對立的人際關係。而第一型的人堅定、守信用、有實現理想的行動力，能讓容易產生情緒風暴的第二型有足夠的安全感。

只是，當交往逐漸穩定下來，工作狂的第一型會日漸工作超時（尤其當他感受到壓力時，更是如此），而第二型對親密感的渴望會愈來愈強（尤其當他覺得沮喪時，更需要別人的注意），此時，兩人之間便容易產生衝突。第一型覺得第二型經不起批評，做事沒有計畫；第二型覺得第一型太嚴厲，一點都不懂得生活情趣。

其實，只要第二型的人理解到，工作是第一型的他抒解壓力與憤怒的方式，這樣，當第一型因為壓力而埋首工作時，為愛奉獻的第二型便比較能夠默默忍受第一型的指責及訓誡。當然，第一型也別忘了以溫暖的行動來表達自己的愛意，而不是用要求或批評來證明對另一半的在乎。

一個穩定的經濟條件，加上噓寒問暖的甜蜜包裝，是能讓這一組戀人都感到滿意的親密關係。

【第一型與第三型——充滿野心的一對】

你是我的榮耀

這是一對活躍、對事業充滿野心的戀人。熱中參與和家庭有關的一切活動，並希望以彼此的專業表現為榮。兩個人都很在意別人的眼光，所以，十分重視個人的地位與成就。

只是，第一型人注重自己的實力，不喜歡「名不符實」；第三型人注重形象，為了保持形象，有意無意中會吹捧自我。因此，第一型會覺得第三型太虛假、專走旁門左道，而第三型會覺得第一型太嚴肅死板、不懂得靈活變通。

這一組戀人容易產生衝突的地方在於：兩個人面對「爭吵」這件事的方式不同。第一型的人需要藉著「坦誠的討論」來表達自己的立場、發洩不滿的情緒；但是，第三型的人不喜歡面對不愉快的情緒，所以，他會故做輕鬆的姿態，找伴侶去做一些快樂的事情以避免爭執。

建議第三型應適時地「自我反省」一番，也許第一型的憤怒真的有一半是因為你，只是你習慣不去探索自我的感受，才會造成無法以同理心去理解第一型的不滿。

此外，當兩人因某事發生爭執時，建議第三型最好趁第一型還沒有轉移話題時，先把當下的問題解決，否則，第一型人很擅長翻舊帳，這會讓不喜歡舊事重提的第三型覺得很沒有面子。

而第一型的人也許不要太偏執地認定第三型虛偽或自私，他們長袖善舞的形象只是為了順應環境罷了。

這兩個人都很好強，第一型認為自己應該是「對」的那一方，而第三型則希望自己是「贏」的那一方。最好能常常安排兩個人離家到外地小度週末、或一起參與某項活動，對修復兩人的感情很有幫助。

【第一型與第四型——大好或大壞的一對】
淬練出生命的火花

這是一對不是大好就是大壞的的戀人，因為，雙方會在彼此的身上看到一部分自己的影子。第四型人情緒變化有如家常便飯，這對第一型的人來說，是一件非常恐怖的事，因為，第一型一直拼命地抗拒情緒的影響。

但是，這一種組合能讓第一型的人有機會接觸到一種有哭有笑、能隨著心情行事的生活方式，不僅減輕了那一直令他感到「為什麼別人能輕鬆過日子、我卻不能」的憤怒，也讓他重新檢視自己「非黑即白」的行事準則，通常會變得更有創造力、更清楚自己的人生方向。

而當天生擔心會被遺棄的第四型人發現自己墜入愛河時，通常會先使出「逃開」的策略：變得冷淡、故意製造誤會逼對方離開或表現出情緒不穩定的狀態，潛意識裡想要「測試」愛人對這份感情的堅持度。

偏偏第一型的人最無法接受「不明不白」的局勢，他們會堅守戰場直到一切水落石出。有趣的是，這種不畏打擊的態度，反而讓第四型

人相信第一型是誠懇真心的，而且不會離棄自己。

然而，當愛挑毛病的第一型讓第四型覺得處處不如人時，這會導致第四型更加墮落或叛逆。第四型需要的是一位穩定、寬容、比較不受情緒影響，且能正常運作的伴侶。好好珍惜眼前的幸福，是這一組的戀人能夠白頭到老的幸福祕訣。

【第一型與第五型——需要火花的一對】
理性讓我們在愛情中保有自我

這是一對外型氣質看起來有點相像的戀人。雙方都渴望獨立，並竭力想要控制自己的情緒；有秩序、安全感十足的生活環境與品質，是兩個人努力的目標。由於同屬於「理性主義」，這一組戀人的生活是不太容易有激情與火花的，不過，配對成功指數仍屬中上。

只是，第五型人習慣將自己封閉在內心世界，常常一陣子不說話或是不與另一半溝通，甚至對自己的行蹤或作法都不太主動說明，這會讓第一型的人覺得很緊張。因為對第一型來說，另一半的沉默是無聲的批評，另一半保持神祕是不誠實的表現。

相對於第一型受不了第五型的距離感，有些第五型反而覺得愛生氣的第一型充滿活力，甚至因此被深深吸引。

由於第一型的人像「壓力鍋」，第五型的人像「悶燒鍋」，建議這一組最好要小心處理憤怒的情緒。第一型不要過度生氣或自以為高人一等；第五型不要漠視對方或自我封閉。雖然，你們兩人都不想生氣，但還是讓有火力的爭辯讓你們更瞭解彼此吧！

【第一型與第六型——齊心協力的一對】

坦誠讓我們更緊密

這是一對氣味相投的戀人，只要彼此都能坦誠相待，兩個人便能形成一個強有力的盟國，齊心協力地朝夢想前進。這一組戀人看事情的角度比較負面，第一型人害怕發生錯誤，第六型人則是擔心意外，所以都是屬於做事謹慎小心的人。同時，這兩個人對理想或另一半的忠誠度都相當高，在困境時反而更能「風雨生信心」。

這一組戀人的自我要求都很高，深怕表現不夠好。每過一段時間，第一型便會暗地裡自我檢討有沒有犯錯，第六型則是擔心自己會不會失敗。兩個人都竭力避免爭吵，因為，向來奉公守法的他們，認為爭吵是不對的。

問題是，第一型與第六型都是會「疑心生暗鬼」的人，偏偏又不喜歡先去問個明白，造成第一型的人覺得第六型對他有戒心，而第六型覺得第一型對每件事情都不滿意。尤其是喜歡採高姿態的第一型，往往讓第六型的信心大失。

因此，這一組戀人最好不要讓懷疑與猜忌有生長的機會，養成開誠布公的溝通習慣，這樣，你們才能心無旁騖地專注於共同的理想。

【第一型與第七型——天雷地火的一對】互補是最佳的吸引點

這是一對風險性很高的的戀人，因為，雙方會在彼此身上看到自己欣賞的優點或是致命的缺點。兩個人會相互吸引是因為個性上的互補點：第一型欣賞第七型充滿彈性與樂趣的生活方式；而第七型欽佩第一型做事有條理、且能貫徹始終的毅力與決心。

只是，時間一久，彼此容易被對方性格的另一面所激怒：第一型受夠了第七型太有彈性，決定的事情常常一改再改；而第七型則對講究規章程序、處處喜歡管教別人的第一型感到厭煩。

而這一組戀人處理問題的態度也截然不同。第七型的人不喜歡不愉快的情緒，他會想用別的活動來分散不好的感覺；而第一型人則會跳進問題裡，想要找出解決的方法。因此，當第一型強迫第七型一起面對問題時，會引起第七型的反擊——把過錯歸咎在愛生氣、一直找出問題的第一型身上，然後自己一走了之。

當然，這一組的戀人並不是毫無希望，關鍵在第七型的身上。當兩人之間有問題發生時，第七型應該學習肩負起一半的責任，好好與第一型討論出一個對策，而不是毫無耐心地躲避第一型的怒火或尋求其他的慰藉。

【第一型與第八型——愛火四射的一對】

互相學習讓愛更上一層樓

這絕對是一對「愛火四射」的戀人，因為，他們在很多方面都很相像；要好的時候濃情蜜意，一旦發生爭執，誰都不肯輕易讓步。兩個人都很有正義感，而且對自己的想法都相當堅持。

通常是第一型會被第八型充滿能量感的個人風格深深吸引，因為，第八型人天生具有一種強勢的野性魅力，讓第一型人也忍不住想放縱自我。而希望異性臣服腳下的第八型，對重承諾的第一型自然十分信任與欣賞。

對第一型來說，與第八型在一起最大的好處就是：「表現憤怒的情緒並不代表犯錯，反而是被鼓勵的。」

因為，第八型希望另一半直言不諱，甚至會鼓勵另一半大聲地表達自己的想法。這一組戀人不喜歡拐彎抹角，有什麼家務事都可以攤在桌面上一起討論。然而，當事情觸及感情層面的時候，第一型傾向壓抑，第八型則刻意抹輕愛情的價值。

其實，這是一對可幫助彼此成長的組合。第一型學習到第八型追求自我夢想的勇氣，而不是戰戰兢兢地依別人的要求行事；第八型則學會第一型為自己的行為設限，而不是目中無人地自我膨脹。只是，第一型要注意自己慣有的「高姿態」，因為，第八型很難忍受別人對他頤指氣使。

【第一型與第九型——壓抑憤怒的一對】互為對方的溫暖

這是一對相似度很高的戀人；這兩人都傾向壓抑憤怒，同時，面臨選擇時諸多考慮，常常很不容易做出決定。

第一型的人害怕做出錯誤的決定；而第九型人則是因為顧及的面向太多，覺得各有利弊，導致難以抉擇。面對問題時，第一型傾向過度斟酌細節，想找出一個完美無誤的方法；而第九型則乾脆等對方先行動再說。

彼此都希望擁有一個舒適穩定的生活。第九型的寬容，讓深怕犯錯的第一型感到特別的放鬆；而第一型的井井有條，則讓心思容易失焦的第九型覺得安穩踏實。

只是，當生活中出現需要表明立場、或採取行動的狀況時，兩個人的差異性便立刻顯現出來。第一型人是毫不猶豫地將自己認可的事情付諸行動；但第九型人則傾向雖然同意卻光說不練，因為，他不想被第一型人催促前進，但是，他又還沒找出一個足以說服自己行動的理由。於是，第一型催得更緊，第九型就躲得更遠。

當緊張的關係到達極限時，爭吵在所難免，但卻是一個轉機。因為，經由衝突，第一型人發洩憤怒，第九型人則釐清自己不想要什麼，兩個人可更快達到共識。

其實，第九型人看似溫和、不喜歡與人衝突，但卻不是肯向憤怒情緒低頭的人，他們會採取消極的抵抗——不配合。然而，不受外力脅迫的第九型，卻會因為愛而甘心放棄自我。

給第二型／珍惜你的付出，物以稀為貴！

- 第二型的男生最常選擇第二型的女生。
- 第二型的女生最常選擇第五型或第九型的男生。

【第二型與第二型——爭相付出的一對】

共同為理想緊扣是最佳的模式

這是一對爭相付出的戀人，因為，第二型人渴望被需要、以能幫助另一半為樂事，如果，另一半不需要他的幫忙，那會讓他「英雄無用武之地」，甚至，將注意力轉移到第三者的身上。

第二型人喜歡置身幕後，全力支持愛人的理想；當愛人成功時，第二型也會與有榮焉。因此，當親密關係中兩個人都搶著當「幕後功臣」的角色時，僵局便產生了——沒有人願意先開口要求幫助。對第二型人來說，沒有付出就感覺不到自己的價值，他們很快就會厭倦這種不能展現愛意的生活。

所以，對這一組戀人的建議是，不如兩個人一起為另一個人、或團體、或理想付出，這樣，不僅被需要的感覺滿足了，同時，兩個人也會因為共同的理想而緊緊相扣在一起。

此外，建議第二型人不妨重新思考一下「親密關係」的定義。健康的戀人應該像是比鄰的兩棵大樹，在土地以下的根莖是緊緊地交纏在一起，但是，土地以上的部分，則是獨立發展的綠蔭。

第二型要先學會幫助自己發揮潛能，行有餘力再去幫助另一半。

【第二型與第三型——天衣無縫的一對】

不同方式的共同存在

這是一對能夠配合得天衣無縫的戀人，因為，第三型人需要喝采，而第二型人最拿手的就是當啦啦隊。這兩個人都很在意自己的形象，也都非常渴望成功，但是動機卻不相同：第二型努力付出是為了獲得愛的回饋，而第三型則是為了個人的成就。

第三型是典型的工作狂，就算休假在家或度假時，都不忘做點與工作相關的事情。第三型加班超時，讓需要隨時被愛包圍的第二型覺得孤單寂寞。

問題是，第二型又必須裝出很挺另一半的姿態，所有的不滿都不能直接抱怨，這會讓第二型陷入情緒化的狀態。而精疲力竭的第三型則會搞不清楚第二型還有哪裡不滿意，因為，第三型自認為這個家已經付出得夠多了。

其實，只要任務導向的第三型願意將「維持親密感」列入個人的目標之一，以第三型的積極與努力，相信絕對能讓第二型幸福到走路都微笑。而第二型也請體諒一下，實際的第三型本來就不擅長處理情緒問題，何不把第三型對兩人世界的經濟貢獻當作是愛意的表現，相信你們的戀情會發展地相當順利。

【第二型與第四型——剪不斷、理還亂的一對】

遠近之間的探戈

這是一對「剪不斷、理還亂」的戀人，不習慣過早做承諾、害怕遭到拋棄的兩個人，都傾向在親密關係尚未穩定前，大玩「推開——靠近」的遊戲，造成「分分合合」的場面，讓局外人有如霧裡看花，不知道這兩個人是否還算是一對戀人。

第二型人在這段關係中可獲得相當的成長，因為，他會從第四型那裡學習到「真實地作自己」的感覺，學習放開一切虛偽的顧慮。而第四型的人雖然有第二型幫忙打理社交圈，但是難免對第二型「笑面虎」的作風感到不悅。第四型人向來對「找缺點」很在行，建議還是多想想另一半的優點比較好吧！

不過，當第四型人受到壓力時，可能會表現得和第二型一樣地熱情待人，只是，這很可能會把第二型的愛人嚇跑了。別忘了，渴望被另一半需要的第二型，是不習慣成為受到關注的那一方！

【第二型與第五型——神鬼奇航的一對】差異性是我們的吸引力

這是一對在性格上反差相當大的戀人，吸引力也就特別強；因為，第二型是九種性格類型中，最喜歡與人親近的性格，而第五型則是恰恰相反。第五型的人大多內斂沉靜，許多心事都不喜歡主動告訴旁人，他對情感的態度是保留的，不輕易讓自己身陷在情緒當中。

因此，第五型人比較不在意他人眼光，我行我素地做自己想做的事情。這些誠實面對自我內心的特質，對總是在討好別人的第二型來說，簡直是想做但不敢做的事情。所以，第二型通常會被第五型的內斂與深度所吸引。

在聚會中，活潑開朗的第二型通常是這一組戀人的「對外公關」，由他來統一回答關於兩個人

的所有事情。而第五型則會安靜地坐在一旁，遇到合適的話題時，才會熱烈地加入討論；如果是他非常有興趣的內容，滔滔不絕會讓周圍的朋友刮目相看。

只是，性格上南轅北轍的差異性，讓這一組戀人的交往需要更大的智慧與更多的耐心。當兩人發生爭執時，如果第五型人一反安靜的常態，變得事事據理力爭，建議第二型不妨先抑制一下自己的情緒，不要嚇跑有「情緒恐懼症」的第五型，多給他一些吐露心聲的空間，畢竟，想聽見他的心底話還不太容易哩！

當然，也建議第五型平時就多多與另一半溝通，而不是習慣性地以「先讓我想清楚」來搪塞，最後演變成拖延，甚至故意遺忘。不然，對親密感要求相當高的第二型會覺得被忽略，甚至引爆歇斯底里的哭鬧場面。

【第二型與第六型——長期抗戰的一對】

考驗不斷愛情更濃烈

這是一對需要「長期抗戰」的戀人，因為，不太相信真愛來得這麼容易的第六型，會給第二型一關又一關的考驗。幸好，向來喜歡克服愛情中種種困難的第二型卻甘之如飴，甚至欲挫愈勇地充滿成就感。

具有助人熱忱的第二型，會身不由己地想幫助膽怯猶豫的第六型認識愛的美好與真諦，他想要扭轉第六型悲觀的態度。只是，多疑的第六型其實擁有不錯的直覺，能夠隱約感覺到第二型隱藏在善意背後的操控心態。

所以，為了要避免這種不必要的猜忌，第六型應該學習去相信人生的美好，相信第二型真心的付出。或也可以將自己的目標與第二型的「期望」分開，並先去完成自己的目標，再來考慮第二型的「期望」。這樣，第六型就不會覺得被第二型利用、或是被當作實踐理想的工具了。

此外，建議第二型也應該培養自己的生活圈、或是打造個人的夢想，因為，對配偶忠誠奉獻的第六型，絕對願意幫助你實現理想。

【第二型與第七型——天生一對】

共同興趣讓愛更堅固

這是「天生的一對」，兩個人都對未來的生活充滿樂觀的期待，並從彼此的性格上互相得到滿足。喜歡與愛人有共鳴的第二型，是熱衷活動的第七型的最佳玩伴；而懂得製造樂趣與氣氛的第七型，是渴望注意與的關愛的第二型的理想情人。

這兩種人的興趣都相當廣泛；當第七型人忙碌外在事務時，聰明的第二型也不會浪費生命，很能夠自我安排沒有對方在身邊的時間。

只是，這兩種人都容易「見異思遷」，第七型喜歡考慮「各種可能性」，而第二型則容易被周圍需要幫忙的異性所吸引。因此，最好兩個人能夠達成共識，對彼此在外的人際關係有一個明確的規範比較好。

只要第二型大方給予第七型足夠的自由，讓第七型瞭解，這一份親密關係並不會剝奪了他原本的生活樂趣，甚至，第二型還能帶來更多的朋友與熱情時，第七型很可能便會鼓起勇氣付出承諾。

可惜的是，當第二型人因為第七型的多變而產生不安全感時，會強勢地需要更多的注意與關心；而第七型為了安撫第二型的情緒，因此錯過了許多有趣的活動。過不了多久，第七型便會想擺脫這些無聊的情緒束縛。

這兩個人最好多多鼓勵彼此探索內心真實的感受，讓這份感情的深度更上一層樓。

【第二型與第八型——愛掌控的一對】
做對方背後的推手

這是一對掌控欲都很強的戀人，且都希望自己能成為另一半的生活重心。第二型人盡力去滿足另一半的需要，讓自己不知不覺成為對方不可缺少的支柱；而第八型人則是強勢地要求另一半來滿足自己。這一組戀人通常是以滿足第八型的需要為生活的主軸，而第二型也樂於在背後當推手。

只是，當第八型的心靈逐漸成長，根據「九型人格」的理論，他會變得和第二型一樣大方（甚至更慷慨），而且想要支持另一半達成夢想。此時，如果第二型配偶能夠坦然面對自己的需要，願意接受第八型的幫助，那麼，這會是一對快樂的組合。

問題是，第二型的性格就是不習慣成為被關注、接受善意的那一方；或他感受到第八型在助人背後的專制態度，這都會讓第二型人產生強烈的反抗心，變得和第八型一樣想要獨立，並堅持以自己的方式做事情。

當這一組戀人發生激烈爭吵後，大部分人會覺得感情比以前更好，因為，爭吵時，彼此會說出內心真正的想法（尤其是第二型），這會讓第八型感到安心，也讓第二型認清自己的需要。只是，有些第二型會在大吵一架後，立刻投入別人的懷抱以示報復，這會讓第八型覺得受到背叛而反應更激烈。總之，若分手時有一方不甘心，這鐵定是分得很慘烈的一對。

【第二型與第九型——你儂我儂的一對】

和諧的親密讓我們更幸福

這是一對在愛情表現方面很相似的戀人；彼此都以對方的要求為優先、希望和愛人融為一體、十分在意對方的情緒感受……等。只是，第二型從幫助對方所獲得的成就感中，找到自己的價值；第九型則是向對方認同，希望過著和對方步調一致的生活。

這一組戀人在能量場上其實是很相合的，因為，第二型喜歡推動別人，而第九型正需要別人的鼓勵。當第二型認為另一半在某個領域很有潛力時，他會大力地支持對方將潛能發展出來；而第九型喜歡親密和諧感，第二型則最擅長表現親密感。

這兩個人都喜歡以親密的肢體動作來表達愛意，所以，不需要言語的親暱交會，常常在兩人之間無形地交流。第二型的開朗與熱情能帶給稍嫌沉緩的第九型驚人的活力；真誠的第九型則能幫助第二型探索真實的自己。

只是，當第二型以「我是為了你好」的善意，堅持要第九型「就範」，去做一些第二型期待的事情時，這會讓內心渴望自主權的第九型頑固地不肯配合。結果，自以為含辛茹苦的第二型會一改

以往的迂迴策略，對第九型公開施壓，甚至以分手為要脅。但是，這只會讓第九型陽奉陰違，或漠視不予理會。

其實，只要第二型多一點耐心，給第九型足夠的時間做決定；而第九型學習把注意力放在自己的需要上，而不是一味反對所有來自對方的提議。這樣一來，這一組戀人幸福的指數是很高的。

給第三型／別懷疑，沒有條件的愛真的存在！

- 第三型的男生最常選擇第一型或第二型的女生。
- 第三型的女生最常選擇第一型或第九型的男生。

【第三型與第三型——金童玉女的一對】

接受自我是幸福的源頭

這是一對「金童玉女」式的戀人，可惜的是，並不常見到這樣的配對；就算有，大多努力在外人面前維持幸福的假象，實際上卻是「同床異夢」、或各人忙各人的生活。

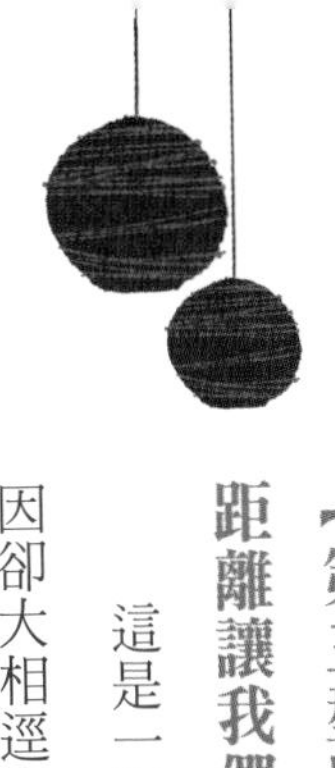

這是一組會互相競爭的戀人，尤其當兩個人共同從事某一工作時，相互較勁的意味會更濃厚。不過，雙方都欣賞對方積極自信的態度，兩個人的交友圈與價值觀也都十分契合，願意為了營造一個讓眾人羨慕的事業與家庭生活而全力以赴。

這一組戀人平日的活動大都是以「建立人際關係」為主要目的：與對自己有幫助的人來往、或與有共同價值觀及生活方式、或養小孩方式相似的人聯誼……除了培養人脈，同時也想獲得多一點有用的情報。

要這一組戀人無所事事地消磨一個週末、或單純地只為陪伴家人或朋友，通常會讓他們感到有點無聊或浪費時間。

由於第三型人缺乏向內省思動力，因此，這一組戀人的結合，不是將第三型向外追求物質的特質發揮到極致，便是藉由彼此性格的反射，讓某一方醒悟：「盲目的追求成功似乎並不能讓內心得到真正的滿足，向內探索自我、接受自我才是身心安頓的源頭。」

【第三型與第四型——注重形象的一對】

距離讓我們更想彼此瞭解

這是一組都非常在意自我形象的戀人，只是，兩個人維持形象的原因卻大相逕庭。第三型希望自己因為成就而受人矚目，所以，會

努力維持一位成功者的形象；而第四型則希望別人會注意到他與眾不同的地方，因此，他會竭力讓自己看起來就是和別人不一樣。

事實上，第三型比較容易被很有個人風格、充滿感情、行為戲劇化的第四型所吸引；但是，對親密關係期待很高的第四型卻常常覺得，從第三型那兒得不到足夠的關心與愛。有趣的是，由於第三型對事業或他有興趣的事務很有野心，造成與第四型聚少離多。

不過，正由於沒有足夠的時間讓這份親密關係正常的發展，其中的距離感與「和其他人的戀情不一樣」的不平庸感，反而帶給第四型割捨不下的吸引力。

這一組戀人最大的問題在於：第三型傾向不去感覺，而第四型則是過度去感覺。如果，第四型能夠瞭解，並不是所有人表達愛意的方式都是如小說般地盪氣迴腸，實際的第三型拚命工作也是為兩人世界奠下美好幸福的基礎，那麼，第四型也就不會太苛責第三型都不抽空陪他體驗生活的點點滴滴。

而第三型則不妨學習去體會第四型敏感、需要特別關心的感受，如此，不僅可以照顧到第四型的需要，也可幫助自己打開情緒的天線，體驗以前從不曾有過的單純、感動與喜悅！

【第三型與第五型——不擅長處理情緒的一對】
以實際行動表達愛意

這是一對傾向以實際行動表達愛意的戀人，因為這兩種人都不太擅長處理情緒性的議題。第三型以撥出時間與另一半相處來代表愛意，而第五型則以常常出現在對方身邊做為在乎的暗示。事實上，內斂的第五型非常重視個人的隱私與空間，一般追求者一開始並不容易靠近，不過，這卻激起第三型想要征服第五型的野心。

在這一組親密關係中，第三型通常是主動打理一切對外事務的人，遇到需要共同決定的事情時，則先私下與第五型討論後再對外宣布。其實，最好也是如此，因為，第五型本來就不擅長、也不喜歡與人周旋，不過，他絕對很有自己的意見。建議第三型要留給第五型足夠的空間，不要太積極想要介入第五型的全部生活，這樣才不至於把他嚇跑。

只是，當第五型的人開始離不開另一半時，他會想要處處限制對方在外的活動與自由，想要掌握另一半的欲望不輸給第八型的人。問題是，當第三型的人感到威脅時，他會轉從工作中尋找慰藉，但是，這卻讓第五型覺得受到冷落，便以冷漠或收回感情做為報復第三型的手段。

因此，當有衝突發生時，這一組戀人最好坐下來討論出一個共識，清楚地訂出兩人固定相處的時間以及共同參與的活動……等。如此一來，這一組戀人既能保有彼此的空間，又可以享受親密關係帶來的安定與甜蜜。

【第三型與第六型——蹺蹺板的一對】

其實我們都想對方好

這是一對「蹺蹺板」式的戀人；這兩種人對「成功」的看法截然不同，在追求成就與自我質疑之間擺盪，但是卻找不到交集點

當第三型積極地想幫助第六型藉著工作成就來建立信心時，第六型卻覺得虛偽且壓力過大；當第六型誠懇地想幫助第三型停下腳步、面對內心的焦慮時，第三型卻害怕自曝其短而只想衝事業。

第六型人傾向常常停下來檢視自己的內心、情緒、或動機，而第三型則害怕停下來探索內心，因為，他擔心內在空無一物的膚淺會被另一半發現。

所以，建議第六型不妨利用共同從事某項活動時，與第三型討論自己對某件事的看法。記得直接切入重點，避免冗長的陳述，不然會讓第三型覺得無病呻吟。

此外，習慣以成就來肯定自己的第三型，也許該試著體諒不習慣享受成功滋味的第六型。謙虛的第六型對成功有著莫名的焦慮感，甚至，對公開表揚都會覺得很不好意思，寧願將自己置於比較不明顯的地位。

如果，第三型真的想伸出援手，那就嘗試幫助第六型專注在眼前的工作上，不要讓他有機會自我打擊，更不要硬把他推到幕前。畢竟，第六型要的是安全感，而不是虛榮的掌聲。

【第三型與第七型——浮華世界的一對】

找回親密感讓工作更有衝勁

這是一對追求「浮華世界」的戀人，擁有相似的價值觀與人生觀，會為了舒適富足的生活而共同奮鬥，速配指數相當高。只是，興趣與交友都相當廣泛的兩個人，很容易聚少離多，甚至各過各的生活。由於兩個人都是私事或公事重於家事，因此，家裡的問題不是被淡化便是被忽視。兩個人都不喜歡面對不愉快的情緒，總是先享樂再說。因此，長久累積下來的問題很容易在一夕之間爆發出來。

這一組戀人都非常有自信，同時，也都是不喜歡探究自我感受的人。問題是，當第三型因為談戀愛產生的情緒而影響工作時，他會覺得有點驚慌失措；當第七型認真談起戀愛時，害怕失去其他選擇的的恐懼，會讓他不得不去釐清內心真正的感覺。這時，壓力產生了，該如何做才能兼顧自己想要的生活與親密關係呢？

建議兩個人千萬不要又用無止盡的工作或是活動來減低對另一半的需要，而是認真地面對情感的召喚。不妨專門為增進彼此的親密感而籌畫一些小活動（不是相約去享樂，而是要將注意力放在對方的感受或是彼此的感覺上）。比方說，一起分享彼此內心的成就或壓力、喜悅或恐懼……敞開彼此的心，暫時放下世俗的一切，如此，真正屬於兩人之間單純的親密感才有可能發生。

【第三型與第八型——旗鼓相當的一對】

真誠以對讓愛天長地久

這是一對「旗鼓相當」的戀人，兩個人都喜歡主導，而且都不習慣面對內心柔軟的感情。第三型的人拚命工作讓自己沒有時間去想、去感受；而第八型則是操控一切，主動否定愛或是感覺。其實，兩個人都知道，自己在內心深處也有柔軟的一面，只是，第三型害怕沉溺在感受中會影響前進的速度，而第八型則害怕心太軟會受到欺侮。

由於這一組戀人在親密關係中都習慣當強勢的一方，第三型習慣提供給愛人一切所需，而第八型習慣保護愛人一切無虞，雙強的局勢造成戀情不容易維持。但是，只要有一方遭遇到了人生重大的挫折，這一段感情便有機會起死回生。

第三型會懂得珍惜第八型在他低潮時的不棄不離，第八型則會感念第三型在他急難時冷靜地幫他處理危機。其實，如果兩個人都能多欣賞對方的性格優點，在針鋒相對時各退一步，不要彼此逼入絕境，這會是一組各自堅強又彼此依賴的戀人。

第三型應當特別留意的是，當第八型的他願意展現出柔軟的身段時，切記要給他更多的支持與安慰，甚至，要大方表現出對他的感激。其實，第八型的真誠與赤子之心，最能喚醒第三型的本質。因為，直來直往的第八型不會愛虛偽的事物，而第三型需要的，正是一個能夠看見他真正價值的另一半。

【第三型與第九型——夫唱婦隨的一對】

相依相靠的感覺讓我們更幸福

這是一對「夫唱婦隨」的戀人，第三型帶頭往目標前進，第九型則心甘情願地做後盾。喜歡和另一半緊密結合的第九型，很容易就將對方的形象當成是自己、把對方的生活當作是自己的生活來過；因此，有些第九型甚至誤以為自己與另一半擁有相同的興趣。

第九型喜歡充滿活力的另一半，因為，他需要有人來「督促」他一起行動，或讓他感到「自己好像也在行動」的錯覺。積極且富個人魅力的第三型，通常是第九型心中的理想對象；而向來需要掌聲的第三型也喜歡第九型無我的認同與肯定。

只是，這一組戀人也有嚴重的衝突點，那就是兩個人面對挫折的方式不同。當迷失自我的第九型醒悟到自己正過著別人的生活時，沮喪的他會開始質疑這一段感情，並以減低自己的熱情或行動力做為發洩不滿的方式，整個人變得消極而且欠缺活力。

然而，感受到緊張氣氛的第三型會習慣性地更加倍投入工作。於是，兩個人很少有溝通的機會，第三型藉著工作逃避，第九型忙著遺忘不愉快，間隙因此日漸加深。到最後，無法忍受如一潭死水般的家庭氣氛，第三型通常是首先發難的一方，不是積極地尋找解決的方法，便是另覓新戀情。

建議第三型不妨多尊重第九型對「找到自我」的需要，畢竟，不是每個人都十分清楚自己是誰，而第九型的人生課題正是要學會重視自己。

此外，幫助第九型找到自己的喜好與理想，其實，也間接地幫助了第三型。因為，一向以外界的標準來衡量自我價值的第三型，其人生課題就是要學會接納真正的自己，而不是那個被成就裝飾的自己。

給第四型／別讓不甘平淡扼殺了你的愛情，請珍惜所有！

- 第四型的男生最常選擇第二型或第六型的女生。
- 第四型的女生最常選擇第九型的男生。

【第四型與第四型——當朋友比當情人好的一對】

真愛至上，珍惜我們的浪漫

這是一組「當朋友比當情人好」的戀人，因為，兩個人都是無可救藥的浪漫主義，畢竟，一起分享對浪漫的期待，總比一起實踐浪漫的傳說要容易得多。

擁有共同嗜好的第四型人很容易成為好朋友，甚至，會比好友的另一半還知道更多的私人祕密。因為，總覺得自己不夠完美的第四型，寧願向好友吐露內心的煩惱，卻不願意告訴另一半太多有關自己的真相；他害怕另一半會嫌棄他而轉身離開。

當兩個第四型陷入愛河時，周圍的朋友肯定有機會「見證」一段轟轟烈烈的愛情故事。因為，這是一組愛情至上、為追求理想中的真愛可以放棄一切的戀人，而他們的心情也確實隨著愛情生滅起伏。

第四型是典型的多情種子，沒有愛情的人生絕對是灰色的。然而，對愛情期待都十分高的兩個人，其愛情瓶頸也比一般戀人更難突破。隨時需要熱情的第四型，很快就會厭倦平淡的戀情，甚至，覺得對方是讓自己心情鬱悶的原因，而不認為是自己「不甘於平淡」的心在作祟。

第四型總是看見生活裡的不足，他暗地裡挑剔自己的缺點，同時，也會挑另一半的毛病。當愛火日趨平淡，第四型會開始質疑熱情哪裡去了？或暗地裡幻想還有更好的愛情在等待著他。

所以，第四型最要緊的是惜福，學習去發現生活裡已經擁有的幸福。當然，追求真愛的第四型對愛情是可以相當執著的，許多能夠長久等待一段未完成的戀曲、或是對過去戀人久久無法忘懷的都是第四型人。

【第四型與第五型——一切盡在不言中的一對】

有點黏又不會太黏是最好的境界

這是一組「一切盡在不言中」的戀人，兩個人都喜歡沉浸在內心的想像世界，只是，第四型傾向過度關注自己的情緒感受，而第五型則醉心思考活動以逃避過多的感情負荷。

當兩個人的感情激發出正面的火花時，彼此會產生理性與感性的美妙調和，濃密的感情常常在一個小動作或是眼神之中細膩流露。只是，也可能因為個性都比較封閉，心情不好便與人疏離，造成兩個人漸行漸遠。

第五型需要的是自我的空間，而第四型需要的是別人的關心，這一組戀人最好能夠找到一個讓親密關係維持下去的平衡點——「有點黏又不是太黏」的境界，彼此都學習去尊重對方看待「情緒」這回事的態度。

第四型不要強迫第五型一起分享感覺，而第五型則多點耐心安撫一下正在情緒當中的第四型。否則，習慣逃避感情的第五型很可能自我放逐於自己有興趣的事物當中，而第四型則會因為得不到足夠的關懷而一個人鬱鬱寡歡。一個情緒化的第四型只會讓第五型躲得更遠。

【第四型與第六型——同病相憐的一對】

正向思考讓愛情更甜蜜

這是一組「同病相憐」的戀人，因為，彼此都能在對方身上看到自己的恐懼與缺點。第四型的悲觀讓第六型感同身受，而第六型對情緒的敏感度則讓第四型覺得如遇知音。第四型欣賞對感情有深刻體驗能力的人，第六型則會對弱勢分子特別地關心。兩個人的心靈因此更貼近，並且懂得如何安慰對方。

這兩種人的心底都潛藏著被壓迫或被遺棄的恐懼，且都渴望透過某種形式的創作來找到自己。第六型人缺乏自信，擔心被別人看不起或是佔便宜；第四型人則害怕自己被誤解。因此，這一段戀情最大的考驗在於：彼此的多疑心與不肯定的個性。

習慣質疑的第六型會感到困惑：「如果真心愛他，那我為什麼仍然有懷疑？」而向來不容易滿足的第四型也會質疑：「如果他再優秀一點，我就會更幸福。」第四型認為自己生活中種種的不如意都是缺乏自信的第六型所引起的。

當兩個人在衝突狀態時，第四型會一心為自己辯護，認為都是對方的錯；而第六型則是存心唱反調，拒絕對方所有的提議。

因此，兩個人都應該學習將心比心，瞭解對方會產生種種的質疑與辯解，都是出於不安全感，而不是真的對這份感情有所懷疑。

建議這一組戀人最好平日就有「再怎麼吵架都不分手」的共識，這樣，才不至於在吵架時失去理智，或愈吵愈沒有安全感而拿分手做要脅。尤其是第四型很容易衝動分手，之後又想重續前緣；而注重忠實度的第六型通常很難接受回頭的戀情，就算接受，可能也不像以前那樣熱情了。

【第四型與第七型——玩追逐的一對】捉與放要平衡

這是一組喜歡追逐遊戲的戀人，只是，嚮往小說式愛情的第四型，追逐的目標是另一半；而愛好熱鬧的第七型則追求永無止盡的活動。

這兩個人不僅可以輕易看見彼此的優點，同時，也能把對方的缺點轉化成感情的動力。渴望完美愛情的第四型，認為不常在身邊的第七型是一個愛的折磨，有一種「無法完全得到」的吸引力；而追求變化的第七型，則認為被感覺主宰的第四型提供了另一種體驗世界的方式。

而性格上的互補，更加深了這一組戀人的契合度。第四型喜歡不輕易受感覺影響的人，而第七型正好是不習慣探索情緒的樂天派，他不會被第四型的情緒化所打擊（其實，那是因為他根本不想理會不愉快的感覺），也不會讓第四型落入悲觀的牛角尖。

只是，兩個人的衝突點也在這裡，第七型不太能體會第四型的多感；每當第四型想要找人談談心事，第七型會覺得那是無病呻吟。

最好兩個人各讓一步。第七型固定撥出一段時間，耐心地幫助第四型度過情緒時刻。除非真的有很好的理由，不然，不要隨意拿藉口搪塞敏感的第四型。而第四型則體諒第七型不擅長柔情安慰的個性，同時，多多培養其他抒發心情的管道，不要動不動就想要第七型安慰自己，因為，過多的眼淚或嘆息只會把他逼跑。

【第四型與第八型——愛情龍捲風的一對】

愛戀的強度十分互補

這是一組能颳起「愛情龍捲風」的戀人，且熱情可持久不衰。

同樣都追求強度的兩個人，會以一種激烈或戲劇性的方式來過生活。兩個人都被對方深深吸引，一向在意形象的第四型，會被誰都不怕的第八型所震懾；而大剌剌的第八型，在優雅的第四型面前反而會稍稍收斂一點。

喜歡真實感的第四型欣賞第八型的大膽與坦率，最重要的是，不輕易改變心意的第八型，通常都能通過第四型「忽冷忽熱」的考驗。而自認眼光銳利的第八型，總以能一眼看穿第四型複雜的心思而洋洋自得。

其實，這一組戀人在個性上十分互補。率直的第八型不喜歡強說愁或過於夢幻的感覺，能幫助將自己包裹於薄紗後的第四型坦誠面對自己；而追求戲劇化的第四型，正是喜歡強度感的第八型生活上的好伙伴。當第八型想做些瘋狂的事情時，第四型會興致昂然地跟隨。

只是，如果第四型因為想得到足夠的注意而太過放任情緒時，這會讓討厭軟弱的第八型發怒，甚至強勢地毫不反省就轉身離開。

其實，這一組戀人應該瞭解彼此激烈的情緒，其背後真正的原因可能只是某一方希望獲得更多的關心或是更強的張力，此乃性格作祟的關係。

建議第四型不妨找出自己有興趣的領域，如此，喜歡激勵別人的第八型會全力以赴幫另一半成功。這樣一來，第四型不僅可以正面地獲得關心與支持，第八型也會藉著幫助第四型實踐自我的過程，開啟心靈的成長。

【第四型與第九型——夢幻組合的一對】

執著讓我們全心奉獻

這是一對「夢幻組合」的戀人，因為，彼此都對另一半有著過高的期待。第四型期待一份能夠喚醒生命的真愛；而第九型則希望另一半幫助自己找到人生的目標。不過，對感情相當執著的兩個人，都能夠為另一半全心全意地奉獻。

第九型的包容與耐心，讓害怕被拒絕的第四型感到無比的安全與舒適；只是時間一久，第四型可能又覺得和緩的第九型有點平淡乏味了。當第四型感到有衝突時，第九型傾向走開並轉移注意力，但是，第四型卻希望馬上解決情緒的問題。

只是，第九型並不習慣主動，甚至能拖則拖。於是，覺得受到冷落的第四型會變得愈來愈挑剔，被動的第九型則覺得不斷受到壓迫。最後，第四型會激烈地發出最後通牒，這時，第九型才逼不得已採取行動。

其實，第四型反覆的情緒，通常都是想要引起另一半的關心而已，或想為親密關係製造一點「刺激感」。建議第九型不妨培養一些個人的興趣，讓自己有獨處的機會，甚至在平時就與第四型保持一點距離。如此，喜歡神祕美感的第四型會覺得第九型格外有吸引。

給第五型／沉默與不回應是愛情的殺手

- 第五型的男生最常選擇第二型的女生。
- 第五型的女生最常選擇第五型的男生。

【第五型與第五型──宛若室友的一對】

心靈的連結讓我們更緊密

這是一組最適合談異國戀情、或不太需要靠語言溝通的戀人。因為，第五型擅長用肢體語言或是抽象的意涵來表達自己；同時，第五型本身也不太需要另一半用言語來培養感情，他需要的是空間和自由。

所以，這一對戀人也格外懂得尊重彼此的界線，就算同住一個屋簷下，兩個人也各有其「私領域」，當一方沉浸在自己的王國時，另一方也會識相地走開。

在外人眼中也許並不看好這一對戀人，因為，兩個人不會在公眾面前表現出親密的小動作；其實，心靈上的連結，才是這一對戀人能夠維繫在一起的主因。

不喜歡突如其來的意外或打擾，兩個人習慣在事先安排好的時間裡一起從事某項活動。只要允許有個人的私密時間，第五型通常不會排斥家庭或社交活動聚會。

當然，這一對戀人最不好的情況就是各自躲進自我的世界裡，故意冷落對方。我曾經聽過一位第五型的學員表示，有一次他與太太（剛好也是第五型）意見不合，那時他迫切需要知道太太的想法，但是，太太卻不發一語地走開。那是他第一次感受到被漠視的痛苦。他從來不知道，沉默與冷淡也會如此傷人。

建議第五型的戀人最好在共同活動之間，穿插個人獨處的片刻，好讓彼此有喘息的機會。

【第五型與第六型——老夫老妻的一對】

個性讓戀情天長地久

這是一組「老夫老妻」式的戀人，兩個人可安靜的共處一室，各自忙自己的事情而不會感到無聊或受冷落。第五型的低調讓第六型不得不成為親密關係中主動的那一方，不過，這正好滿足了第六型一直想獨立、並影響另一半的欲望，同時，也讓不喜歡當領導者的第五型可以鬆一口氣。兩個人在心靈上的共鳴勝過激情。

雖然這一對戀人天長地久的指數相當高，但是，第五型要特別注意，不要讓習慣性的自我封閉與疏離，造成第六型對這一份感情的恐慌。缺乏安全感的第六型，必須不斷地從另一半那兒得到愛的保證；焦慮的第六型通常會設想最壞的情況。

所以，這一份戀情的關鍵在第五型的身上。只要願意多和第六型坦誠溝通，一個感到安全的第六型，會是一位非常溫柔而且忠誠的愛人。第六型最怕的就是愛人欲言又止或有所保留，這會讓他擔心不已。

當然，第六型最好能稍稍控制歇斯底里的情緒，不要急著向第五型要支持，而是給他時間整理情緒。另外，建議第六型不要讓第五型覺得，好像有什麼天大的災難等著他解決，而是用「小問題」的方式邀請第五型參與討論。這樣，害怕被期待太多的第五型才不至於一開始就反抗。

【第五型與第七型——內外調和的一對向對方學習】

這是一組「內外調和」的戀人，通常的情況是「七主外，五主內」。喜歡接觸外界新鮮事物的第七型，就像是第五型的「偵察機」，甚至會帶著第五型一起體驗外面的花花世界。而與活潑好動的第七型比較起來，沉穩內斂的第五型反倒成為家中的精神支柱（有很大的原因是，第七型常常不在家）。

兩個人都不太輕易走進婚姻，因為，第七型對外面的活動比對家裡的活動有興趣；而第五型則擔心自己的空間會被親密關係所侵蝕。

其實，這一組戀人可相處得不錯，因為，彼此都很會安排自己的生活，同時，也不希望被別人干涉。在將心比心的情況下，比較願意給對方多一點的空間。不太會應付社交場面的第五型，會被第七型的公關能力所吸引；而不習慣作深度思考的第七型，則對第五型的穩重內涵感到懾服。

只是，當第七型流連在外，而第五型更自我封閉時，衝突便不可避免了。喜歡變化的第七型可能會覺得與第五型生活太無趣，而注重深度的第五型則認為第七型的感情觀太膚淺。兩個人很可能過著平行線的日子，沒時間、也沒有心去相互交流。

最好兩個人嘗試去學習對方的性格優點：第七型學習第五型的專注，將心思放在家庭上；第五型則學習第七型的大膽付出，將自己實際投入這一段親密關係中。於是，兩個習慣逃避情感負擔的人，開始有共同的遠景與對家的承諾。

【第五型與第八型——讓眾人跌破眼鏡的一對】

自主性讓我們不互相牽絆

這是一組讓大家跌破眼鏡的戀人，因為，第五型是九種性格類型中最不想向外要求的人，而第八型卻是永遠都要不夠的人；第五型傾向朝內開發自我世界，第八型則是積極向外拓展領域。

有趣的是，這兩個人的個性似乎背道而馳，但是卻常常配對成功。其中一個可能的原因是，根據九型性格的理論，這一對戀人正好站在彼此心靈成長與凋零的兩端。意思是，這兩個人在某些情況下，性格其實是十分相像的。

因此，這一對戀人經過長期的磨合後，原本對情緒比較冷感的第五型可能會多一些感性，而急性子的第八型則學會多一點耐心。

由於兩個人都堅持自主性，所以，他們不太會被另一半牽絆，但是也意味著，遇到衝突時，他們都不是會輕易讓步的人。因此，第五型的自我封閉與第八型的報復行為便會輪番上演。

其實，這是一對彼此能夠幫助心靈快速成長的戀人，只要耳濡目染，就能透過對方的性格特質得到啟發與激勵。第八型的堅強，讓內心焦慮的第五型變得實際而且更具行動力；第五型的冷靜，則讓暴躁的第八型安靜下來並且學習向內省思。

【第五型與第九型——無聲勝有聲的一對】
一起活動感受愛情的溫馨

這是一組「無聲勝有聲」的戀人，因為，彼此都希望不需要透過言語的說明或要求，對方就能夠洞悉自己的心意。因此，這兩個人傾向以共同參與某項活動，來取代面對面的談心交流。他們喜歡和對方一起活動的感覺，藉此來感受愛情中的甜蜜與溫馨。

只是，習慣在一旁當觀察者的第五型，在這一段親密關係中卻變成了「被觀察者」。因為，第九型向來以另一半為自己的生活指標，所以，他習慣隨時揣摩第五型的心思，並想辦法融入第五型的生活。

想當然爾第九型追求的融合感，對不喜歡被干擾的第五型來說，是多麼大的挑戰！因此，當不想成為生活中注目焦點的第五型習慣性地自我封閉時，會讓渴望與愛人融成一體的第九型感到被遺棄。

建議第九型不妨在兩人相處的時間，安排一些有明確目標的小活動，最好是能讓第五型有興趣或是能自在發言的題目。一般來說，第五型的人寧願當別人的軍師，也不願意拿自己的議題在公眾面前討論。

這一對戀人對情緒的反應都比較慢，常常需要利用獨處的時間整理自己的思緒，想好因應之策。所以，最好兩個人有給彼此足夠空間的默契。

此外，當兩個人有不愉快的情緒時，不妨讓它爆發出來。因為，這一對戀人都習慣漠視不安的情緒：第五型躲回自己的世界，第九型則鈍化自己的感覺。所以，一場誠實、不意氣用事的爭執，也許可以讓彼此有機會瞭解對方的想法，同時，也被迫面對自己的感受。

給第六型／不要害怕，你一定會幸福！

- 第六型的男生最常選擇第二型或第四型的女生。
- 第六型的女生最常選擇第六型或第九型的男生。

【第六型與第六型——永遠有議題可煩惱的一對】

理解讓我們站在同一陣線

這是一組永遠有議題可煩惱的戀人，因為兩個人都想很多。不過，兩個人也都喜歡反向思考，所以，當一方看到問題時，另一方反而找到機會點。

如果想要安撫第六型杞人憂天的個性，千萬不要安慰說那些都是不必要的煩惱，因為，這只會讓第六型覺得被誤解而惱羞成怒。最好認真地看待他的憂慮，並給他一些建議。

由於不安全感作祟，第六型總是擔憂戀情會無預警地告終，所以，定期地給予第六型「愛的肯定」是絕對必要的。否則，多疑的他，會想出各種兩個人不合的理由，事先為分手尋找可能的解釋。

這一對戀人在外人眼中可能不是十分親密。事實上，相當情緒化的第六型，傾向把熱情與注意力轉移到對彼此的承諾上面；他們習慣從彼此的互動中測量感情的濃度，反而忽略了當初吸引彼此的特質，或情感上的共鳴。

建議這一對戀人訂下一個共同的計畫或是夢想：一次海外度假或是為新房挑選油漆顏色……等。只要能讓彼此感覺是站在同一陣線，並有一個美麗的遠景可以期待，那麼，這一對戀人便能夠緊緊團結在一起，安心地為遠景而奮鬥。

【第六型與第七型——拯救彼此的一對】共同討論與保持樂觀

這是一組可拯救彼此脫離心靈苦海的戀人，因為，樂觀與悲觀在這裡有機會達到一個完美的平衡。這兩個人的性格是都屬於焦慮型，只是，雙方面對焦慮的方式大不相同。

第六型能夠明顯地感受到焦慮，所以，不斷地在挖掘問題，並想找出解決的辦法；他看事情的角度也比較悲觀。第七型則不承認自己會焦慮，但事實上，他是以樂觀的態度與各種的「候補計畫」來安撫焦慮罷了。因此，這一對戀人最好能夠常常交換意見，才不至於過度悲觀或是樂觀過頭。

由於第六型通常需要對方先做出保證後自己才願意投入，但這會讓討厭被釘死的第七型想逃走。其實，這兩個人都需要另一半不斷地釋出善意的訊號：第六型需要確定第七型是否仍舊忠心，這樣，第六型才有力量繼續守著這份感情；而第七型則想確定第六型不會干預他太多，這樣，第七型才會願意繼續下去。

建議第六型真的不必太替第七型操心，因為，通常第七型想的會比做得多，許多時候他只是想想而已。

當第六型想與第七型談談自己的擔憂時，不妨以間接的方式帶出，因為，要第七型正襟危坐地討論麻煩，他可能只會速戰速決地敷衍了事。不妨簡短精要地說出問題，並且以過去某件例子來提醒第七型。最重要的是，在研究對策的同時，盡量朝樂觀的遠景去設想，這不僅可以降低第七型對問題的排斥感，對第六型也有正面的影響。

【第六型與第八型——圓桌武士的一對】
支持讓我們為彼此奮鬥

這是一組「圓桌武士」般的戀人，互相支持而且願意為彼此奮鬥。

喜歡帶頭的第八型有了忠心耿耿的第六型幫他出主意，簡直是如虎添翼；而嚮往勇氣與力量的第六型有了堅毅的第八型作嚮導，更覺得安全穩當。習慣提供保護的第八型，讓第六型順理成章地滿足依靠他人的欲望；而習慣跟隨權威的第六型，則讓第八型更無所顧忌地拓展自我。

這一對戀人的需要雖然互補，但是衝突也因此產生：強勢的第八型希望另一半也是強者，並且全心奉獻；可是，第六型只有在另一半讓他感到沒有威脅性時，他才願意表現出全部的忠誠。問題是，天生喜歡戰鬥的第八型，不是挑戰自我就是督促伴侶，當他專制地想主導第六型的人生時，反而會讓平時順從的第六型產生強烈的反抗。

這兩個人需要努力的方向是：第六型學習第八型的獨立與堅定，不要依靠任何人，這樣就不必擔心自己會受他人的擺佈。而第八型應該尊重第六型的意願並且向內反省。第八型的人雖然擅長激勵別人，但是，卻缺乏內省的能力。他能看清別人的短處，卻看不見自己的盲點，造成一味地想幫助別人進步，卻忽視了自己的不足。

【第六型與第九型——容易猶豫不決的一對】

爭吵讓我們理解對方

這是一組都很容易猶豫不決的戀人，第六型習慣在肯定與懷疑之間掙扎，而第九型則猶豫該不該採取行動。在一般情況下，兩個人都不是會主動出擊的人；一旦有問題產生，第九型會傾向靜觀其變，而第六型可能會壓抑不住焦慮感而主動發難。

這一對戀人最好各自找到個人的目標，而不是等著參與對方的活動。不然，如果兩個人都按兵不動，親密關係可能會如同陷入泥沼般的動彈不得：第六型不再投入感情，第九型則選擇不再去感受。

最好兩個人能安排自己有興趣的活動，但是，並不一定要求另一半參與。從事自己有興趣的事務可以為第九型帶來活力，同時，也讓第六型忙碌一點而沒有時間瞎想擔憂。

第六型與第九型都是可以維持恆久戀情的性格類型，只是，他們通常不去傾聽自己內在的聲音，而是隨著別人的行為反應。第六型傾向以另一半的行為來決定自己要不要付出；第九型則習慣融入另一半的生活。這兩種人常常在反覆思考要不要繼續戀情，但卻常常忽略了自己到底愛對方多少。

其實，爭吵有時候反而會讓這一對戀人有機會坦白地說出真實的想法。所以，不要害怕爭執，有溝通至少比什麼都不說不做的無力感來得好。

給第七型／下一個情人未必會更好！

- 第七型的男生最常選擇第二型或第四型的女生。
- 第七型的女生最常選擇第九型的男生。

【第七型與第七型——不易持久的一對】

自信與自戀的玩伴

這一組像是一個模子刻出來的戀人，兩個人都極度自信與自戀。在九種性格類型中，第七型的人通常自我評價都很高，而且，速配的對象也最廣，從第一型到第九型都非常平均。只是，兩個第七型的愛情雖然能迸出激烈的火花，彼此都覺得與對方很合，但是，通常比較不容易持久。

這一對戀人是彼此的最佳玩伴：擁有相同的好奇心與嘗新的勇氣、喜歡不斷地活動與刺激、而且都不太願意被一段戀情給綁住。只是，嚮往自由又害怕面對親密關係中的問題，兩個人有可能演變成「各玩各的」，但卻自我催眠地認為這是尊重對方的表現。

由於不習慣面對愛情所伴隨而來的情緒折磨，第七型人學會看輕戀情的份量，認為「天涯何處無芳草」，不要為了一棵樹而放棄整座森林。

其實，只要第七型瞭解，一味逃避限制反而是生命中最大的限制時，他才能體驗到，除了物質帶來的歡愉，生活中還有其他的感動，包括心靈上的幸福、喜悅、與淚水。

【第七型與第八型——鴛鴦大盜的一對】

勇於追求夢想的戀人

這是一組具有「鴛鴦大盜」氣勢的戀人，因為，兩個人都勇於追求夢想、並能夠毫無罪惡感地大膽享樂。

不論在精力、價值觀、處世方式……等方面，兩個人都非常的相像，尤其都強調獨立自主，最討厭被控制或規範。兩個人都不喜歡向別人求援，習慣一個人自我療傷。只是，第八型以報復或更堅強的決心來捍衛自己，第七型則是以新的活動來遺忘受傷的痛苦。

雖然彼此都願意給對方空間，但是，習慣掌握另一半的第八型仍然想控制愛好自由的第七型，衝突便產生了。當第七型實在無法達到第八型的種種要求時，他會編出一堆理由來解釋為何自己做不到；但是，重視坦誠的第八型當然不是那麼好打發，尤其，不誠懇的藉口更會令第八型發飆。

當第八型沒有安全感時，他會強硬地要求另一半做出更多的承諾，問題是，受威脅的第七型會變得更陽奉陰違。

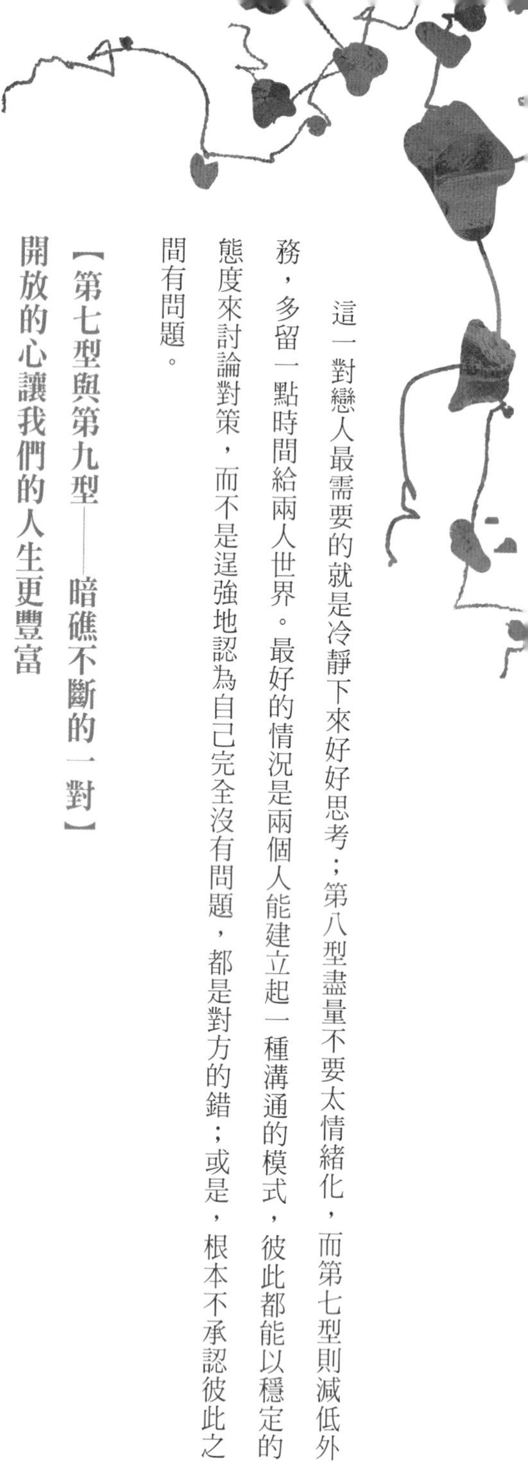

這一對戀人最需要的就是冷靜下來好好思考；第八型盡量不要太情緒化，而第七型則減低外務，多留一點時間給兩人世界。最好的情況是兩個人能建立起一種溝通的模式，彼此都能以穩定的態度來討論對策，而不是逞強地認為自己完全沒有問題，都是對方的錯；或是，根本不承認彼此之間有問題。

【第七型與第九型——暗礁不斷的一對】開放的心讓我們的人生更豐富

這是一組在外人眼中夫唱婦隨、其實卻暗礁不斷的戀人，因為，兩個人的觀點都是開放、而且非常具有彈性，但是都傾向逃避問題。

第七型的心永遠裝得下無限種可能，第九型則是能夠包容不同的想法。所以，這一對戀人不僅可以充分享受人生的豐富性，同時，也應允另一半或子女有作自己的自由。只是，第七型喜歡「看情況而定」，第九型習慣「隨遇而安」；當過多的選擇是因為沒有用心先思考時，「做決定」便成了惱人的問題。

第七型不喜歡被限死的感覺，所以，他總是期待也許有更好的選擇會出現。第九型則不喜歡衝突，所以，他會想要避免表明自己立場的壓力。因此，這一對戀人很可能會有意無意地忽視生活中比較嚴重的問題；第七型以其他的活動來分散注意力，第九型則會自我安慰問題不是太嚴重。

建議第七型稍微控制自己天馬行空的想法，認真思考兩人關係的實際面，以及確實存在的問題。而第九型也學習將注意力先放在大的議題上，不要讓枝微末節的小事耗盡了精力。

在親密關係的互動中，通常是由第七型帶著第九型去體驗有趣的事物，為第九型例行公事般的生活注入新的活力。不過，若第九型排斥新的經驗，第七型很快便會感到厭倦，甚至覺得第九型了無生趣。

因此，這一對戀人最好能夠常常溝通，彼此瞭解目前對這一份感情的想法或發現的問題。因為，當這兩個人願意為某個共同的議題花時間討論時，不僅使第七型更肯定對這一份感情的投入，第九型也會為了要替自己的立場辯護而充滿活力。

給第八型／忍住氣，別說會讓自己悔恨的話！

● 第八型的男生最常選擇第一型、第二型或第四型的女生。

● 第八型的女生最常選擇第五型、第六型或第九型的男生。

【第八型與第八型——一山不容二虎的一對】

被你重視才是我要的愛情

這是一組「一山不容二虎」的戀人。所以，最好由一個人主導，另一個人隱身幕後，不然，這一份戀情很快就會成為過去式。

第八型的眼中，只看見自己想要的東西，很少考慮別人的需要或處境。因此，當兩個第八型在一起時，龍爭虎鬥的場面是避免不了的。

習慣快人快語的兩個人，常讓外人替他們的相處捏一把冷汗。其實，高分貝的緊張場面是兩個人習以為常的事情，第八型就是喜歡這種「夠力」的感覺，他覺得要「夠大聲」才能引起另一半的重視。

這一對戀人喜歡透過性愛與衝突來感受彼此的愛意，細水長流或是矜持含蓄的愛情，通常無法激起第八型的熱情。對第八型來說，挑釁只是用來測試對方的能耐，並不一定要擊倒對方。第八型必須活在充滿生命力的環境中，他最討厭死氣沉沉的感覺。

只要有一方開始學習向內省思，心甘情願當一名支持者，而讓另一方繼續指揮。如此，這一份戀情才有發展下去的空間。

【第八型與第九型——以柔克剛的一對】

體諒讓我們的愛情具有深度

這一組是標準的「以柔克剛」的戀人；第八型專制強悍的力量，剛好被心性寬容的第九型所收服。

一般人都認為這一對戀人一定有「權力分配不均」的問題，因為，第八型太強勢，而第九型相形之下太柔弱。事實上剛好相反，第八型的力量不是被第九型如海綿般的柔軟所中和、便是被消釋。

當然，最好的情況是彼此互補：強調刺激與強度的第八型為第九型帶來活力，而第九型的穩定則幫助第八型度過強烈的情緒風暴。由於在「九型性格」中互為左右翼，這兩個人的性格會有些相似的地方，因此，也比較容易互相體諒。

只是，萬一兩個人都陷入不主動的狀態時，問題便產生了。對第九型來說，不主動是家常便飯；而當第八型不確定這份感情時，他也不會再繼續付出。因此，如果這一段親密關係發展到瓶頸，憋不住的第八型通常還是會搶先發難。只是，第八型過度放縱的行為，通常會讓感情走到無可挽回的地步。

所以，當這一對戀人感受到愛情停滯的氣氛時，不妨督促自己主動向對方招手，而不是一味地等待、或是暗地裡強迫對方先採取行動。

應該要避免的情況是：第八型忽視第九型的意志而想要掌控一切。因為，當不太表示意見的第九型被迫死守最後的獨立感時，將會是九型性格中最頑固的愛人。

給第九型／學習表達意見，也讓對方學習尊重你

- 第九型的男生最常選擇第二型或第四型的女生。
- 第九型的女生並無特別偏好哪一型的男生。

【第九型與第九型——你泥中有我、我泥中有你的一對】

成就對方是樂此不疲的事

這是一組看起來「你泥中有我，我泥中有你」的戀人。雖然明知道另一半有缺點，但自己也不是盡善盡美，只要對方不要求自己改變，日子就可以這麼過下去。

第九型人習慣透過另一半來找到自我的形象或價值，所以，他的生活重心通常都圍著另一半打轉，比較少認真考慮自己的人生規畫。畢竟，過別人的生活或幫別人達成夢想，比追求自己的夢想要容易得多，壓力也比較小。

由於兩個人都傾向避免破壞生活中的安穩感，因此，都不會嚮往或允許生活中有太大的改變。兩個人每天好像很忙，但其實都在忙一些瑣事，而真正重要的、或可以改善彼此關係的活動卻被擱置一旁。因為，改進必定會引起爭執，爭執會產生不安，所以，還是不要碰觸的好，能過且過吧！

建議兩個人不妨各自找出自己的興趣，不要依賴對方來安排休閒生活，更要盡量避免從事對方的興趣。這樣，第九型的人才有可能找到自己本來的面貌。只要第九型能夠欣賞自我的獨特性，勇於堅持自己的意志，這肯定是一對非常速配的戀人。

國家圖書館出版品預行編目資料

九型人格說愛情——我要的愛哪裡找？ / 胡挹芬著. -- 初版. -- 新北市 : 養沛文化館, 2012.10
面； 公分. --（I CARE快樂心田；11）
ISBN 978-986-6247-57-6(平裝)

1.心理測驗 2.人格特質

179.6 101018608

I CARE 快樂心田 11

九型人格說愛情——我要的愛哪裡找？

作　　者／胡挹芬
發 行 人／詹慶和
總 編 輯／蔡麗玲
執行編輯／林昱彤
編　　輯／蔡毓玲・劉蕙寧・詹凱雲・李盈儀
美術編輯／徐碧霞
封面設計／陳麗娜
出 版 者／養沛文化館
郵政劃撥帳號／18225950
戶　　名／雅書堂文化事業有限公司
地　　址／新北市板橋區板新路206號3樓
電子信箱／elegant.books@msa.hinet.net
電　　話／(02)8952-4078
傳　　真／(02)8952-4084

2012年10月初版一刷　定價350 元

總經銷／朝日文化事業有限公司
進退貨地址／新北市中和區橋安街15巷1號7樓
電話／（02）2249-7714　傳真／（02）2249-8715
星馬地區總代理：諾文文化事業私人有限公司
新加坡／Novum Organum Publishing House (Pte) Ltd.
20 Old Toh Tuck Road, Singapore 597655.
TEL： 65-6462-6141　FAX：65-6469-4043
馬來西亞／Novum Organum Publishing House (M) Sdn. Bhd.
No. 8, Jalan 7/118B, Desa Tun Razak, 56000 Kuala Lumpur, Malaysia
TEL：603-9179-6333　FAX：603-9179-6060

獨家課程

【九型人格・心理結構課程】 以圖解方式呈現九種人格意識與潛意識的交互作用
【九型人格・靈魂香氣課程】 九型人格與芳香療法
【九型人格・心靈深戲課程 I 階】 九型人格與易經
【九型人格・心靈深戲課程 II 階】 九型人格與易經
【Enneagram 啟示錄課程】 九型人格公式大全

進階課程

【九型人格・職場魔人】
【九型人格・愛的方程式】
【九型人格・家庭觀照內在小孩 】
【九型人格・親子無障礙】

大眾課程

【九型人格・一日營】
【年度自我更新工作坊】
【九型人版聚會】

九型行者講座

由學校的培訓師資群為大家舉行的專業又精彩的九型應用講座！
【九型人格與達摩一掌經】、【九型人格與芳香療法】、【九型人格與人類圖】……

培訓課程

【九型人格・導引人】、【九型人格・生命教練】、【九型人格・傳承者】

祕聚會

【你是墜入凡間的精靈嗎？】、【一起來玩九型靈魂香氣】、【九型人之前世今生】、【有趣的九型動物占卜】……

九型靈魂閱讀服務

挹芬老師將使用學院最高階的人格測驗、九型卡、九型心靈深戲卡、與天使卡，陪您一起穿越前世，找到今生的方向！